咪奇熊®
MIQIXIONG

典籍中的成语故事

爱国爱民篇

新新世纪◎编著

航空工业出版社
北京

前言

在浩如烟海的典籍中，成语作为中华语言的精华、文明的积淀、历史的浓缩、智慧的结晶，成为传承中华文明的重要载体。时至今日，仍有大量的成语在被广泛使用，散发着永恒的魅力。

同时，成语也是小学生语文的必修内容。在作文写作中，恰当地运用成语，可以使文章熠熠生辉；在口头表达中，则可以使你的语言更富有感染力。因此，熟练掌握和运用成语，不仅能达到言简意赅的效果，同时也是衡量一个人文字功底、文化素养以及语言表述能力的重要标尺。

本套书将成语按主题分为10册，收录了170则成语和与之一一对应的成语故事。书中除了讲述故事，还有成语的出处、释义、近义词、反义词、造句示例，让小读者既明其义、会使用，又知其源，了解其中所蕴含的丰富文化意义；同时还设置了小朋友喜欢的成语接龙和看图猜成语板块。在游戏中记住成语何乐而不为？文中配有近500幅精美插图，使故事生动活泼，引人入胜。

现在，就让我们翻开本书，一起走进成语故事的世界，去品味中华语言文化的博大精深和妙趣横生吧！

目录

一言为重百金轻

语出典籍

北宋·王安石《商鞅》：“自古驱民在信诚，一言为重百金轻。今人未可非商鞅，商鞅能令政必行。”

王安石是北宋时期著名的政治家、文学家。宋神宗当政时，他任宰相，大力推行改革，但因遭到特权阶层的反对，没有取得成功。他在政坛几度浮沉，最后罢相归家。王安石写了许多揭露时弊（bì）的诗文，抒发自己的抱负。他有一首题为《商鞅（yāng）》的七言诗，诗中写道：

自古驱民在信诚，一言为重百金轻。

今人未可非商鞅，商鞅能令政必行。

诗中说的是商鞅在秦国帮助秦孝公变法的事情。商鞅制定的新法公布以后，为了让人们相信革新必定施行，便在城南门外立下一根三丈高的木柱，声称谁能将此木柱搬到北门去，就赏他黄金二百两。许多人不相信这是真的，没人响应。商鞅又宣布给搬木柱的人赏金一千两。于是有个年轻人壮着胆子把木柱搬到北门去，想不到竟真得到了一千两黄金。这件事引起轰动，百姓们认为商鞅说话算数，都相信了新法。

王安石借古人商鞅变法的事来抒发自己改革的决心，认为要像商鞅那样言行一致，才能取信于民，成就大业。

成语接龙

一言为重百金轻 → 轻而易举 → 举一反三 → 三三两两 → 两袖清风 → 风卷残云 → 云消雾散 → 散马休牛 → 牛毛细雨 → 雨过天青 → 青红皂白 → 白日做梦 → 梦寐以求 → 求志达道

看图猜成语

答案：爱屋及乌

写一写

一言为重
百金轻

一言为重百金轻

一言为重百金轻

成语词典

一言为重百金轻

释义 严守诺言比百两黄金还珍重。指信守诺言可贵。

近义词 一言千金　言出必行

反义词 言而无信

造句 战国时期的商鞅就是“一言为重百金轻”的典范。

三顾茅庐

语出典籍

三国蜀·诸葛亮《前出师表》："先帝不以臣卑鄙，猥自枉屈，三顾臣于草庐之中。"

汉朝末年，群雄并起，逐鹿中原。其中刘备的势力相对弱小，但他礼贤下士，很尊重人才。刘备听说诸葛亮极有才能，便亲自去寻访。

诸葛亮，字孔明，原籍山东琅玡，当时隐居在隆中（今湖北襄阳附近），人称"卧龙先生"，并称他住处一带的高冈为"卧龙冈"。诸葛亮就住在冈前的茅庐里。

刘备经由徐庶（shù）的介绍，曾前后三次专程拜访诸葛亮。头两次，诸葛亮故意避而不见，最后一次才与刘备见了面。刘备再三请求，诸葛亮终于答应出山相助。从此，诸葛亮为刘备出谋划策，打了很多胜仗，为蜀汉奠定了国基。后来，刘备称帝，诸葛亮做了丞相。

因为刘备当时访求贤才是那样虔诚，所以后人用“三顾茅庐”比喻真心诚意，多次专程拜访某人。

成语接龙

三顾茅庐 → 庐山面目 → 目无下尘 → 尘头大起 → 起早摸黑 → 黑地昏天 → 天从人愿 → 怨声载道 → 道同志合 → 合二为一 → 一帆风顺 → 顺理成章 → 张三李四 → 四面八方

看图猜成语

答案：拔刀相助

写一写

三 顾 茅 庐

三 顾 茅 庐

三 顾 茅 庐

三 顾 茅 庐

成语词典

三顾茅庐

释义 顾：拜访；茅庐：草屋。比喻真心诚意，一再邀请。

近义词 求贤若渴

反义词 拒人千里　妄自尊大

造句 校长三顾茅庐，诚恳地邀请爷爷再返学校授课。

与民同乐

语出典籍

《孟子·梁惠王下》："'吾王庶几无疾病与？何以能田猎也？'此无他，与民同乐也。"

有一天，齐宣王在自己的离宫里盛情款待孟子。在酒宴上，他很得意地问孟子："像您这样道德高尚的贤者，也会享受人间老百姓的这种快乐吧？"

孟子回答："是的，如果他们得不到快乐，就会怨恨国君。国君以百姓的快乐为自己的快乐，百姓就会以国君的快乐为自己的快乐。反之，国君以百姓的忧愁为自己的忧愁，百姓也会以国君的忧愁为自己的忧愁。国君如果能够和天下的人同忧同乐，就能使天下的人归服于自己。"

齐宣王连声夸奖说："这真是圣人之见啊！"

成语接龙

与民同乐 → 乐山爱水 → 水漫金山 → 山穷水断 → 断章取义 → 义（意）外之财 → 财大气粗 → 粗中有细 → 细水长流 → 流连忘返 → 返老还童 → 童叟无欺 → 欺世盗名 → 名正言顺

看图猜成语

答案：跋山涉水

写一写

与 民 同 乐

与 民 同 乐

与 民 同 乐

与 民 同 乐

成语词典

与民同乐

释义 原指君王施行仁政，与百姓休戚与共，同享欢乐。后泛指领导与群众一起游乐，共享幸福。

近义词 同甘共苦

反义词 高高在上

造句 到了元宵节，宋真宗准备与民同乐，在东华门观看灯会。

水深火热

语出典籍

《孟子·梁惠王下》："以万乘之国伐万乘之国，箪食壶浆以迎王师，岂有他哉？避水火也。如水益深，如火益热，亦运而已矣。"

战国时，燕国爆发内战。于是，齐国乘虚而入，齐宣王派大将匡（kuāng）章率兵十万攻燕。燕国百姓对内战不满，不愿出力抵抗齐军，因此匡章只用五十天就攻下了燕国国都。但匡章不管束军队，任由士卒欺凌百姓，于是燕人纷纷起来反抗。

这时，齐宣王向正在齐国游说的孟子请教，问道："有人劝我不要吞并燕国，有人劝我吞并它，到底该怎么办？"

孟子回答："如果吞并燕国，当地百姓反而很高兴，那就吞并它，古人有此先例，周武王便是；如果吞并燕国，当地百姓并不高兴，那就不要吞并它，古人也有先例，周文王便是。"

孟子接着说："当初齐军攻入燕国，燕人送饭递水表示欢迎，那是因为燕国百姓想摆脱苦日子；而今如果齐国进而并吞燕国，给燕人带来亡国灾难，使他们进一步陷入水深火热之中，那他们必然会转而盼望别国来解救了！”

齐宣王不以为然，一心要吞并燕国，结果不但引起燕国反抗，其他国家也表示要救助燕国。于是，齐宣王被迫从燕国撤军。

成语接龙

水深火热 → 热火朝天 → 天马行空 → 空前绝后 → 后患无穷 → 穷凶极恶 → 恶语中伤 → 伤天害理 → 理直气壮 → 壮志凌云 → 云淡风轻 → 轻举妄动 → 动人心弦 → 弦外之意

看图猜成语

答案：百发百中

写一写

水	深	火	热
水	深	火	热
水	深	火	热
水	深	火	热

成语词典

水深火热

释义 比喻生活处境极端艰难痛苦。

近义词 水火之中　民不聊生

反义词 安居乐业　人寿年丰

造句 战争年代的人们生活在水深火热中。

功亏一篑

语出典籍

《尚书·旅獒》:“为山九仞，功亏一篑。”

周武王任用能人治理国家，因此周朝很快就强大起来。四方各国都来周朝朝拜，甚至离周朝很远的小国西戎（róng），也派使臣来朝贺。使臣还带来了西戎特产的一种大狗献给周武王，周武王很高兴。

太保召公对周武王说:“这是您的圣德呀，四方都归服于您，无论远近，都把当地的土特产贡献给您。您也应该对诸侯分封赏赐，以表示信诚。赏赐的物品是无所谓贵贱的。无德，物也不值钱；有德，物才显得贵重。德行要靠自己修养，圣主不可以沉浸在声色之中。把人当作玩物加以戏弄，会丧失德行；把稀罕物件当作玩物加以赏玩，会丧失志气。这就是玩人丧德，玩物丧志。犬马这类东西不是本地所产的，不应畜养它；珍禽异兽没有什么用途，也不该养它；对于远来的宝物不要那么珍爱它，不收人家的东西，人家才会归服于你；最要紧的是珍爱能人，这是国家安稳的根本大计呀！明主应该随时积累德行，因为大德都是从小德积累而来的。比如筑一座九仞（rèn）高的土山，如果最后一筐土没有加上去，这座山就没有堆成。您如果从这些方面加以注意，就可以世代稳坐天下了。”

周武王听从了召公的劝谏，从此以后专心治理朝政。

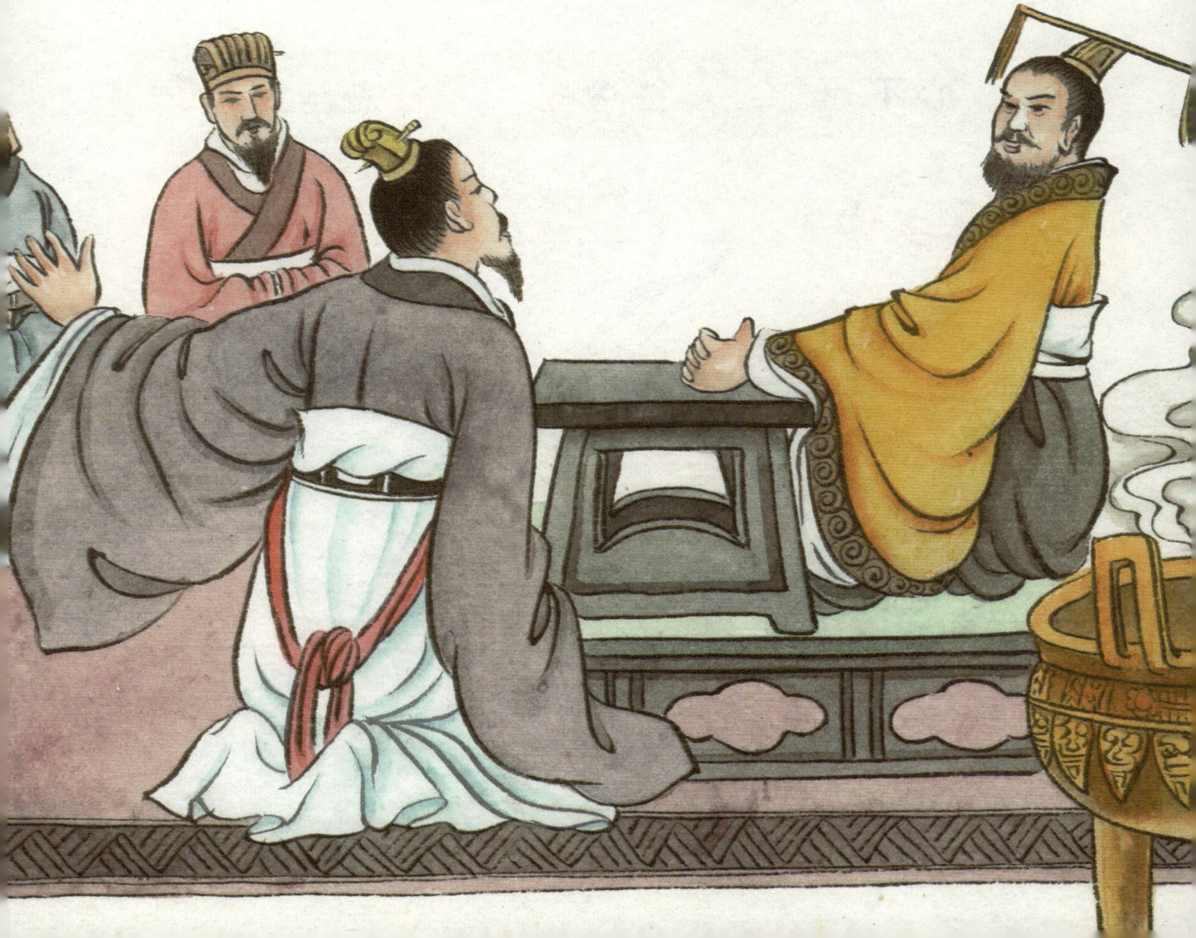

成语接龙

功亏一篑 → 溃不成军 → 军令如山 → 山清水秀 → 秀外慧中 → 中庸之道 → 道听途说 → 说三道四 → 四面楚歌 → 歌舞升平 → 平易近人 → 人心不古 → 古往今来 → 来去自如

看图猜成语

答案：杯弓蛇影

写一写

功	亏	一	篑
功	亏	一	篑
功	亏	一	篑
功	亏	一	篑

成语词典

功亏一篑

释义 堆九仞高的山，只缺一筐土而不能完成。比喻做事情只差最后一点却没能完成，结果枉费工夫。

近义词 功败垂成　前功尽弃

反义词 大功告成　善始善终

造句 这道堤防如果不抢在雨季前完成，就可能功亏一篑。

付之一炬

秦始皇夺取天下以后，花费巨大财力、物力和人力，在渭水之南修筑阿房宫。阿房宫建筑规模十分宏大，宫内有无数奇珍异

宝、金银和美女。秦末，项羽领兵占领咸阳后，先杀死了秦王子婴，抢走了咸阳宫殿的财宝、美女，然后将其付之一炬。大火烧了三个月还没有熄灭。

语出典籍

唐·杜牧《阿房宫赋》："楚人一炬，可怜焦土。"

到了唐朝唐敬宗执政的时候，朝廷大修宫殿，不顾百姓劳苦，挥霍国家财力，给人民带来极大痛苦。大诗人杜牧看到这种情况，十分气愤，便写了一篇《阿房宫赋》，借古讽今，用秦王朝的荒淫无道，最终遭到灭亡的史实来警告唐朝的统治者。

成语接龙

付之一炬 → 巨细无遗 → 遗世独立 → 立锥之土 → 土头土脑 → 脑瓜不灵 → 灵丹圣药 → 药石无效 → 效犬马力 → 力大无穷 → 穷凶极恶 → 恶贯满盈 → 迎刃而解 → 解铃系铃

看图猜成语

答案：背水一战

写一写

付	之	一	炬
付	之	一	炬
付	之	一	炬
付	之	一	炬

成语词典

付之一炬

释义 被一把火烧光，指用火烧毁。

近义词 付之东流　付之丙丁

反义词 死灰复燃

造句 英法联军火烧圆明园，许多有价值的文物被付之一炬，对中国人民犯下了不可饶恕的罪行。

网开三面

语出典籍

西汉·司马迁《史记·殷本纪》："汤出，见野张网四面，祝曰：'自天下四方皆入吾网。'汤曰：'嘻，尽之矣！'乃去其三面。"

夏朝的末代天子夏桀（jié），是个暴虐无道的昏君。在夏的东面，有一个称为商的诸侯国。商国国君商汤非常贤明能干。他团结邻近的诸侯部落，准备灭掉夏朝。

一天，商汤出外巡游，见一个猎人在一片树林的四面都张上网，准备捕捉禽兽。猎人拱手对天祷告道："从天上飞下来的，从地下往上爬的，从四面八方来的，通通进入我网里来！"

商汤听了，对猎人说："唉，你这样做太残忍，禽兽要被你捉光了！快撤掉三面网，只留下一面便够了！"

猎人不理解，问："只在一面张网，怎么能捕到禽兽呢？"

商汤回答说："你留下一面网后，就祷告说：'禽兽啊！你们愿意往左就往左，愿意往右就往右，实在不想活的，就进到我网里来！’”

商汤对猎人讲的话，很快就四处传开。诸侯们听后都感动地说：“商汤真是一位很了不起的大王，他对禽兽都这么仁慈，对人一定更仁慈了，我们应该拥护他！”

不久，有四十个诸侯部落来归顺他。后来，商汤出兵灭掉夏朝，建立了商朝。

成语接龙

网开三面 → 面有饥色

色艺无双 → 双眉不展 → 展眼舒眉

眉眼传情 → 情逐事迁 → 迁怒于人

人山人海 → 海枯石烂 → 烂醉如泥

泥牛入海 → 海阔天空 → 空洞无物

看图猜成语

答案：笨鸟先飞

写一写

网	开	三	面
网	开	三	面
网	开	三	面
网	开	三	面

成语词典

网开三面

释义 意思是把捕禽的网撤去三面。比喻采取宽大态度，给人一条出路。

近义词 网开一面

反义词 严刑峻法　严惩不贷

造句 国王对他的错误网开三面，决定从轻发落。

驷马难追

语出典籍

北宋·欧阳修《新五代史·晋家人传·高祖皇后李氏》："兵戈屡动，驷马难追，戚实自贻，咎将谁执！"

五代时期，石敬瑭（táng）起兵反后唐，请求北方契丹的支援。契丹主耶（yē）律德光亲自率军大败后唐兵，册立石敬瑭为皇帝，国号为晋，史称后晋。

天福七年（942年），石敬瑭去世，他的养子石重贵即位，史称"出帝"。石重贵不善治理国家，又遭遇严重的旱灾和蝗灾，民不聊生，饿殍（piǎo）遍野。皇太后李氏多次训诫出帝，出帝都听不进去。等到外族入侵时，后晋已是不堪一击。

开运元年（944年）春，契丹进犯后晋，出帝石重贵率军抵御，又派人致书耶律德光，请求重修旧好，但被耶律德光拒绝。双方屡屡交战，后晋军节节败退。耶律德光派降将张彦泽率领先锋骑兵二千人进入后晋京城，屯兵于明德门外，使京城陷入一片混乱。

石重贵召来学士范质，对他说："昔日先帝起兵太原时，想选择一个儿子留守太原，契丹皇帝看中了我，他们应该比较了解我。你为我草拟降表，说说过去的事，也许能让我们母子活下来。"

范质草写降表，石重贵自称"孙臣"，称呼耶律德光为"翁皇帝"，表示自己全家低头认罪，等待处理。

范质又为太后草拟降表，自称"晋室皇太后新妇李氏妾"，上表说："张彦泽率军进城，承蒙皇帝阿翁降书安抚。先皇帝当年处于危难时，皇帝阿翁亲自征战，挽救了石氏，立了我晋朝社稷（jì）。不幸先帝去世，嗣（sì）子继位，没有好好治理国家，兵连祸结，终于到今天这个地步。过去的事已经发生，驷（sì）马难追。今蒙皇帝阿翁的抚慰，对我们有再生之恩，今上表请罪。"

耶律德光接到出帝和太后的降表，回信说："你们不必忧虑，保证你们有一个吃饭的地方。"

耶律德光降石重贵为光禄大夫，封为"负义侯"，命人将他们全族遣送到黄龙府去。

成语接龙

驷马难追 → 追悔莫及

→ 及时应令 → 令人切齿 → 齿如齐贝

→ 贝联珠贯 → 贯通融会 → 会道能说

→ 说三道四 → 四海为家 → 家家户户

→ 户枢不朽 → 朽木不雕 → 雕虫小技

看图猜成语

□□□□

答案：博览群书

写一写

驷	马	难	追
驷	马	难	追
驷	马	难	追
驷	马	难	追

成语词典

驷马难追

释义 一句话说出了口，就是套上四匹马拉的车也难追上。指话说出口，就不能再收回，一定要算数。

近义词 驷不及舌　言而有信

反义词 言而无信

造句 我们遵守诺言，一言既出，驷马难追。

怨声载道

语出典籍

《诗经·大雅·生民》："实覃实訏，厥声载路。"《后汉书·李固传》："开门受赂，署用非次，天下纷然，怨声满道。"

东汉后期，在统治阶级内部，外戚和宦官之间的斗争十分激烈，政治上越来越腐败黑暗。有一年，汉顺帝下诏，让各地有才能的人都到都城洛阳参加他亲自主持的考试。李固参加了这次考试，发表了他对当时政治形势的分析和改革的意见。汉顺帝很欣赏他的才能，让他做了议郎。但是，汉顺帝的奶娘和宦官们害怕李固为人正直，会对他们不利，因此极力对他加以排斥和迫害。李固被派到边远的四川做县官。对此，李固非常不满。当他走到陕西汉中的时候，一气之下便回到老家南郑，闭门谢客，不去赴任。当时，梁皇后的父亲、大将军梁商请李固出来担任从事中郎。李固想依靠梁家的势力与宦官对抗，于是给梁商写了一封信。

信中写有这样一段内容："从前汉安帝在内部信任奶妈王圣的

女儿伯荣和中常侍樊丰等人，在外部又重用周广、谢恽（yùn）等人。这帮人接受贿赂，贪污腐化，侵吞公款，巧取豪夺。人们对他们议论纷纷，怨声载道。我希望朝廷吸取历史上的经验教训，杜绝奢侈浪费，注意节省国家开支。”

梁商看了以后，却无动于衷，不以为然。

成语接龙

怨声载道 → 道在人为 → 为官择人 → 人小鬼大 → 大厦将倾 → 倾耳侧目 → 目逆而送 → 送死养生 → 生生不断 → 断章摘句 → 句栉字比 → 比肩而事 → 事出不意 → 意想不到

看图猜成语

答案：才高八斗

写一写

怨	声	载	道
怨	声	载	道
怨	声	载	道
怨	声	载	道

成语词典

怨声载道

释义 怨恨的声音充满道路。形容人民群众普遍强烈不满。

近义词 悲声载道　人言啧啧　民怨沸腾

反义词 歌功颂德　人心所向　皆大欢喜　普天同庆

造句 人们对于乘车难的问题意见很大，真可谓怨声载道。

矫枉过正

周武王灭掉商朝以后，总结了夏、商两朝灭亡的经验教训，把王族和功臣按五个等级分封到全国各地，成为诸侯，进行分区管理，以维护周王朝的统治。

随着时间的推移，诸侯国的后代不再一心效忠周王室。他们之间因为利害关系的冲突，你争我夺，长期进行争霸战争，周王朝则日趋衰落。

公元前 221 年，秦始皇统一六国，建立了秦王朝。他废除了诸侯分封制，将天下分为三十六郡，以便加强中央集权，巩固统一。但是，由于秦王朝对人民实行了极其残酷的压迫和剥削，激化了地主和农民之间的阶级矛盾，终于爆发了以陈胜、吴广为首的农民大起义。

语出典籍

东汉·仲长统《昌言》："夫乱世长而化世短……逮至清世，则复入于矫枉过正之检。"

刘邦建立西汉王朝以后，认为秦王朝之所以灭亡，是因为没有分封诸侯，造成处境孤立。于是，他改变了这种局面，恢复了分封制，设立了王、侯两级爵位，大封功臣。但是，后来诸侯们又纷纷叛乱。

东汉史学家班固在撰写《汉书·诸侯王表序》时，对此评论说："西汉初年恢复分封制，大的诸侯王国跨州兼郡，拥有几十座城池，宫室百官的制度同京都的朝廷一样，真可说是矫枉过正。"

汉景帝在镇压了吴楚七国叛乱后，下令把诸侯王任免官吏的权力收归朝廷；王国的行政由朝廷任命官吏处理，以巩固中央集权。

成语接龙

矫枉过正 → 正本澄源

源源不绝 → 绝壁悬崖 → 崖岸卓绝

绝德至行 → 行同狗彘 → 彘肩斗酒

酒后失言 → 言不愿行 → 行好积德

德薄才疏 → 疏财重义 → 义不容辞

看图猜成语

答案：沧海一粟

写一写

矫	枉	过	正
矫	枉	过	正
矫	枉	过	正
矫	枉	过	正

成语词典

矫枉过正

释义 指把弯的东西扳正，结果又歪到了另一边。比喻纠正错误超过了应有的限度。

近义词 过犹不及　矫枉过直　矫枉过当

反义词 恰如其分

造句 改正错误不应矫枉过正，要实事求是。

鹿死谁手

语出典籍

唐·房玄龄等《晋书·石勒载记下》:"朕若逢高皇，当北面而事之，与韩、彭竞鞭而争先耳。脱遇光武，当并驱于中原，未知鹿死谁手。"

东晋时，匈奴、鲜卑、氐（dī）、羌（qiāng）、羯（jié）这五个少数民族先后起兵作乱，分别占据了中国北部。历史学家称之为"五胡乱华"。

那时，有个羯族人名叫石勒，他起初住在并州（今山西省太原市附近），后来那地方闹起饥荒来，石勒因生活实在难以维持，便卖给别人做奴隶。他的主人见他仪表不凡，便对他另眼相待，后来竟免除了他的奴籍。石勒恢复了自由之后，投到匈奴酋（qiú）长刘渊的部落里。

刘渊后来称帝，建立汉国。汉国传到刘曜（yào）的时候，石勒建立后赵，消灭了汉国。后赵的国势在五胡十六国中最为强盛。

石勒是一个自命不凡的人物，他曾在人前夸耀说："倘使我和汉高祖生在同一个时代，我自认不敢和他争高下；但倘使我遇到汉光武帝，我当和他在中原角逐，比一比高下，那时不知道鹿死谁手呢！"

成语接龙

鹿死谁手 → 手无寸铁

语重心长 ← 花言巧语 ← 铁树开花

长年累月 → 月朗风清 → 清心寡欲

善罢甘休 ← 止于至善 ← 欲言又止

休养生息 → 息息相关 → 关怀备至

看图猜成语

答案：草船借箭

写一写

鹿	死	谁	手
鹿	死	谁	手
鹿	死	谁	手
鹿	死	谁	手

成语词典

鹿死谁手

释义 原比喻不知政权会落在谁的手里。现在泛指在竞赛中不知谁会取得最后的胜利。

近义词 决一雌雄

反义词 和衷共济

造句 这次比赛高手很多，鹿死谁手，尚不可知。

一不做，二不休

语出典籍

唐·赵元一《奉天录》卷四："光晟临死言曰：'传语后人，第一莫作，第二莫休。'"

755年，唐朝的节度使安禄山起兵叛乱，朝廷发兵平叛。在一次交战中，大将王思礼的坐骑被箭射中倒毙。正在危急时，骑兵张光晟（shèng）把马让给王思礼，使他脱险。

叛乱平定后，王思礼升了高官，而且不忘张光晟的救命之恩，和他结为兄弟，并一再向朝廷保举，从而使张光晟的官越做越大。

后来，一支军队在京师长安哗变，唐德宗仓皇出逃奉天（今陕西乾县），叛军推立太尉朱泚（cǐ）为帝。张光晟依附了朱泚，做了他手下的节度使。

朱泚自称大秦皇帝，领兵进逼奉天，张光晟则当了他的副将。不料出师不利，围城一个多月未能攻克，而各处来援救唐德宗的军队纷纷赶来。在这种情况下，朱泚、张光晟只能退回长安。

次年，朱泚又改国号为汉，自称汉元天皇，封张光晟为宰相。这时，唐军将领李晟等已迫近长安。张光晟见朱泚大势已去，便暗中派人与李晟取得联系，希望归降朝廷。李晟表示欢迎。

张光晟作为内应，劝朱泚赶快离开长安，并亲自护送他出城。待朱泚逃远后，张光晟再返回长安，率领残部向李晟投降。李晟答应奏告朝廷，减免他叛变投敌的罪行。

但是，后来唐德宗颁下诏书，处死张光晟。临死时，张光晟悲哀地说：“把我的话传给后世的人：第一不要做，第二做了就不要罢休！”

后人把他的话简化为“一不做，二不休”。

成语接龙

一不做，二不休 → 休戚相关 → 关怀备至 → 至尊至贵 → 贵不可言 → 言之有理 → 理直气壮 → 壮志凌云 → 云消雾散 → 散言碎语 → 语重心长 → 长驱直入 → 入木三分 → 分门别类

看图猜成语

答案：呆若木鸡

写一写

一不做，
二不休

一不做，二不休

一不做，二不休

成语词典

一不做，二不休

释义 指要么不做，做了就索性做到底。

近义词 破釜沉舟

反义词 犹豫不决

造句 已经到了这个地步，一不做，二不休，我是打算拼一拼了。

三人成虎

语出典籍

西汉·刘向《战国策·魏策二》："夫市之无虎明矣，然而三人言而成虎。"

魏王为了与赵国交好，决定将太子送到赵国的都城邯郸（今属河北邯郸）去当人质，并派大臣庞葱陪同前往。

庞葱是魏王的宠臣。他怕离开魏国后，别人说他坏话，使魏王不再信任他。因此，他在临行时有意问魏王："大王，如果有人向您报告说，街上有只老虎，您信不信？"

"我当然不信，街上怎么会有虎呢？"魏王说。

"如果又有个人向您报告说，街上有只老虎，您信不信？"

魏王迟疑了一下，说："我对此将信将疑。"

"如果第三个人向您报告说，街上有只老虎，您信不信？"

魏王点点头，说："大家都这样说，我当然相信了。"

庞葱说："街上并没有虎，这是非常明显的。但接连三个人都说街上有虎，大王便认为有虎了。如今，我要陪太子到赵国的邯郸去，那都城离我国的都城大梁（今河南开封西北），比王宫离大街要远得多，而背后议论我、说我坏话的恐怕不止三人。但愿大王今后能对别人对我的议论加以审察。"

魏王不以为然地说："我明白你的意思了，你就放心吧。"

庞葱去邯郸后不久，果然有人在魏王面前说他坏话。开始魏王不信，后来说他坏话的人多了，竟也相信了。等庞葱从邯郸回来后，魏王再也不召见他了。

成语接龙

三人成虎 → 虎啸风生 → 生关死劫 → 劫富救贫 → 贫贱之交 → 交相辉映 → 映雪囊萤 → 萤灯雪屋 → 屋上建瓴 → 凌云壮志 → 志大才疏

书生之见 → 见仁见智 → 智勇双全

看图猜成语

答案：单刀赴会

写一写

三	人	成	虎
三	人	成	虎
三	人	成	虎
三	人	成	虎

成语词典

三人成虎

释义 说的人多了，就能使人们把谣言当成事实。

近义词 道听途说　无中生有　以讹传讹

反义词 眼见为实

造句 很多事情都需要自己认真思考，不可道听途说，三人成虎。

才疏意广

语出典籍

南朝宋·范晔《后汉书·孔融传》："融负其高气，志在靖难，而才疏意广，迄无成功。"

东汉末年的孔融，字文举，孔子第二十世孙，幼年时就被人称为奇才。孔融成年后，声望确实很高，志向也不能说不远大，可惜缺乏治政、治军的实际才干。

当时，黄巾军起义声势浩大，一连占领了好几个州。孔融因为冒犯了董卓，被派到北海郡为相。孔融到北海后，厚待儒生，集合民众，迎击黄巾将领张饶，可是很快被张饶打败，只好收拾残兵败将，退守朱虚县（在今山东朐县东南）。

不久，黄巾军再次攻打北海，孔融不能抵抗，移兵都昌县，又被义军包围，情势万分危急，只得向当时任平原相的刘备求救。刘备派出三千人马，替他解了围。

后来，袁绍、曹操势力越来越大，孔融揣摩这两人有图谋汉室的野心，因而立志为国家平定这两股势力，但是最终竟然一点成效也没有。

建安元年（196 年），袁绍的儿子袁谭攻打孔融。最后，孔融部下仅剩下几百人，而孔融自己却依旧凭桌读书，谈笑自若，直到夜间城被攻破，才仓皇逃到东山，妻儿全部被俘。后来，孔融死于曹操之手。

成语接龙

才疏意广 → 广种薄收

收因种果 → 果然如此 → 此恨绵绵

绵绵不断 → 断子绝孙 → 孙庞斗智

智均力敌 → 敌不可纵 → 纵风止燎

燎原之火 → 火上浇油 → 油头粉面

看图猜成语

答案：胆小如鼠

写一写

才疏意广

才疏意广

才疏意广

才疏意广

成语词典

才疏意广

释义 才干有限而抱负很大。

近义词 志大才疏

反义词 才高八斗　鸿鹄之志

造句 他一厢情愿地想在自己的岗位上牛刀小试，可惜才疏意广，愿望最终还是成了泡影。

不谋而同

语出典籍

西晋·陈寿《三国志·魏书·张既传》裴松之注引《魏略》:“今诸将不谋而同，似有天数。”

东汉末年，关中地区大乱，军阀韩遂（suì）、马腾等各拥强兵相互争战，曹操就派钟繇（yáo）督守关中各路军马。钟繇到长安后，写信劝和了韩遂、马腾。韩遂、马腾还分别送一子到京城，名为侍卫皇上，实为人质。建安十三年（208 年），因马腾年老，曹操就拜马腾儿子马超为偏将军，统领马腾部下，却将马腾和他的另外两个儿子迁到邺地，仅马超一人留下。其实曹操对关中各将是怀有戒心的。

后来，曹操又命钟繇攻打占据汉中的张鲁，调夏侯渊与钟会会合。这时马超、韩遂、杨秋、成宜等关中将领怀疑钟繇要袭击自己，惶惶不安，于是决定合兵反叛曹操，推举韩遂为都督。韩遂的部将阎行劝阻韩遂，不要与马超一起反叛。韩遂说:“现在关中各将领不谋而同，好像老天命定如此！”他带兵与曹军在华阴打了一仗，结果大败，而且他留在京城的子孙也全部被杀死。

成语接龙

不谋而同 → 同情相成 → 成一家言 → 言之凿凿 → 凿壁偷光 → 光天化日 → 日迈月征 → 征名责实 → 实事求是 → 是是非非 → 非分之财 → 才高八斗 → 斗智斗勇 → 勇往直前

看图猜成语

答案：点石成金

写一写

不谋而同

不谋而同

不谋而同

不谋而同

成语词典

不谋而同

释义 事先没有商量过，意见或行动却完全一致。

近义词 不谋而合

反义词 众说纷纭

造句 张月明与皇甫英只是对视一眼，心中的想法就已不谋而同。

心怀叵测

语出典籍

明·罗贯中《三国演义》:“曹操心怀叵测,叔父若往,恐遭其害。”

赤壁大战以后,曹操兵败退回北方。几年后,刘备再次与东吴孙权结成联盟,准备北上进攻曹操。曹操急忙召集手下的谋士商议对策。

谋士荀攸(yōu)说:“与其坐等刘备和孙权两家打上门来,不如我们主动出击。”

曹操皱着眉头说:“可是万一西凉王马腾在我南下远征时乘虚而入,我们的后方岂不是要危险了?”

荀攸又献上一条计策,说:“丞相的担忧很有道理,不除掉马腾,终究是个后患。不如封他为征南将军,下诏书诱骗他进京,然后见机下手……”曹操照计行事。

马腾接到诏书后犹豫不决,他的侄儿马岱极力劝阻他应诏入京。马岱说:“曹操假借皇帝的名义,下诏书给你,完全是心怀叵（pǒ）测，你千万去不得。”马腾的儿子马超则主张将计就计，在京城寻找机会，杀了曹操。马腾权衡再三，决定让马超留守西凉，自己带五千兵马赶赴京城。

马腾到达京城许昌后，派人暗中与曹操的侍郎黄奎（kuí）联络，密谋杀掉曹操。谁知消息走漏了，而曹操正愁找不到除掉马腾的理由，便抢在马腾动手之前，把他和黄奎一齐抓获斩首。

成语接龙

心怀叵测 → 策无遗算

算盘脑袋 → 戴盆望天 → 天人路隔

隔世之感 → 感深肺腑 → 俯首就擒

擒龙捉虎 → 虎威狐假 → 假手于人

人心不古 → 古木参天 → 天堂地狱

看图猜成语

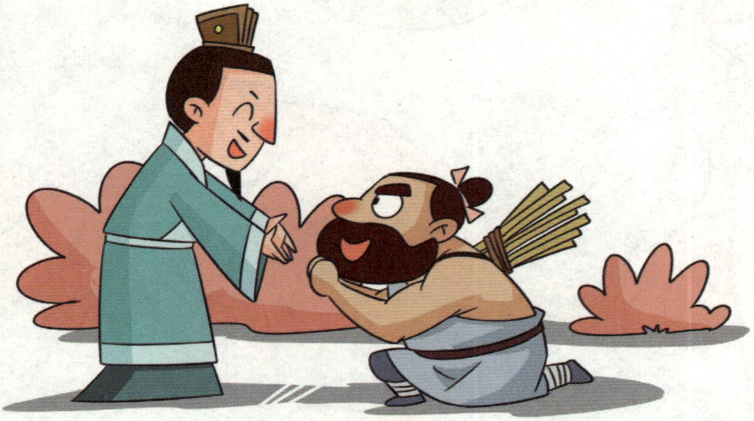

答案：负荆请罪

写一写

心 怀 叵 测

心 怀 叵 测

心 怀 叵 测

心 怀 叵 测

成语词典

心怀叵测

释义 指心存险恶，不可推测。

近义词 笑里藏刀　心怀鬼胎　别有用心

反义词 胸怀坦荡　光明正大　堂堂正正　襟怀坦白

造句 他是一个心怀叵测的人。

东窗事发

语出典籍

元·刘一清《钱塘遗事》卷二载："秦桧欲杀岳飞，与妻王氏谋于东窗下……秦桧对方士说：'可烦传语夫人，东窗事发矣！'"

南宋初期，岳飞率领岳家军对金兵进行了顽强的抵抗，打了好几个胜仗。可是秦桧（huì）却不同意抵抗金兵，主张议和。宋高宗同意了，岳飞就多次上书，要求罢和议抗金兵。于是，秦桧就想着把岳飞除掉。

一天，秦桧坐在东窗下，正为无法除掉岳飞发愁。夫人王氏进来，说："这有何难？你找几个罪名安在岳飞头上不就行了。"

秦桧说："罪名不难找，难找的是告发岳飞的人，这个人一定要是岳飞的部下才能使天下信服。"

王氏说："我听说岳飞手下的都统制王贵，在一次战斗中胆小怕死，岳飞要将他斩首示众。后经众将求情，岳飞才免他一死。他肯定怀恨在心，你何不让他告发呢？"

秦桧大喜，两人又将陷害岳飞的细节密谋一番。秦桧派人找到王贵，要他诬告岳飞“谋反”。王贵不愿意，秦桧一伙就严刑拷打他，王贵只好屈从了。这样一来，岳飞便被陷害而死。

后来，秦桧病死。死后七日，王氏请来道士为秦桧做道场。道士痛恨秦桧杀害忠良，就装模作样做了一会儿法事，然后对王氏说：“我看见秦大人正在地狱受阎王、小鬼的拷问。他让我转告夫人，东窗事发了。”

成语接龙

东窗事发 → 发愤图强 → 强词夺理 → 理屈词穷 → 穷途末路 → 路人皆知 → 知冷知热 → 热火朝天 → 天之骄子 → 子虚乌有 → 有生以来 → 来日方长 → 长命百岁 → 岁寒三友

看图猜成语

答案：虎头蛇尾

写一写

东	窗	事	发
东	窗	事	发
东	窗	事	发
东	窗	事	发

成语词典

东窗事发

释义 指不可告人的秘密已彻底败露。

近义词 原形毕露　真相大白

反义词 秘而不宣

造句 他因东窗事发锒铛入狱。

内 容 提 要

这是一套给孩子看的彩绘版《典籍中的成语故事》，共有10册，每册一个主题，分别为爱国爱民篇、智慧谋略篇、远见卓识篇、人生百态篇、奇闻趣事篇、士林趣话篇、品格节操篇、巧言妙语篇、奋斗践行篇、说情解意篇。本书成语皆出自不同的典籍，以典籍中的故事来讲述成语；同时设置“成语接龙”“看图猜成语”“成语词典”等小板块，激发孩子对成语的学习兴趣，提高孩子的写作能力，让孩子开阔眼界，提高语言表达能力。

图书在版编目（CIP）数据

典籍中的成语故事．爱国爱民篇 / 新新世纪编著．--北京 ：航空工业出版社，2022.6

ISBN 978-7-5165-3057-3

Ⅰ．①典… Ⅱ．①新… Ⅲ．①汉语－成语－故事－少儿读物 Ⅳ．①H136.31-49

中国版本图书馆CIP数据核字（2022）第086401号

典籍中的成语故事 · 爱国爱民篇

Dianjizhongde Chengyugushi · Aiguoaimin Pian

航空工业出版社出版发行

（北京市朝阳区京顺路5号曙光大厦C座四层　100028）

发行部电话：010-85672688　010-85672689

三河市双升印务有限公司印刷　　全国各地新华书店经售

2022年6月第1版　　2022年6月第1次印刷

开本：710×1000　1/16　　字数：16千字

印张：4.5　　定价：188.00元（全10册）

咪奇熊®
MIQIXIONG

典籍中的成语故事

智慧谋略篇

新新世纪◎编著

航空工业出版社
北京

前言

在浩如烟海的典籍中，成语作为中华语言的精华、文明的积淀、历史的浓缩、智慧的结晶，成为传承中华文明的重要载体。时至今日，仍有大量的成语在被广泛使用，散发着永恒的魅力。

同时，成语也是小学生语文的必修内容。在作文写作中，恰当地运用成语，可以使文章熠熠生辉；在口头表达中，则可以使你的语言更富有感染力。因此，熟练掌握和运用成语，不仅能达到言简意赅的效果，同时也是衡量一个人文字功底、文化素养以及语言表述能力的重要标尺。

本套书将成语按主题分为10册，收录了170则成语和与之一一对应的成语故事。书中除了讲述故事，还有成语的出处、释义、近义词、反义词、造句示例，让小读者既明其义、会使用，又知其源，了解其中所蕴含的丰富文化意义；同时还设置了小朋友喜欢的成语接龙和看图猜成语板块。在游戏中记住成语何乐而不为？文中配有近500幅精美插图，使故事生动活泼，引人入胜。

现在，就让我们翻开本书，一起走进成语故事的世界，去品味中华语言文化的博大精深和妙趣横生吧！

目录

以逸待劳

语出典籍

春秋·孙武《孙子兵法·军争篇》:“以近待远，以佚待劳，以饱待饥，此治力者也。”

西汉末年，陇（lǒng）甘军阀隗（wěi）嚣脱离刘秀，投靠在四川称帝的公孙述。刘秀大怒，派兵去攻打隗嚣，结果反被隗嚣打败。

刘秀再派征西大将军冯异，前去占领栒（xún）邑（今陕西咸阳旬邑）。隗嚣得到消息，命令部将行巡立刻去栒邑抢占有利地形。冯异的部将们知道后，都劝冯异不要和行巡大军作战。冯异斩钉截铁地说:“我们必须抢占栒邑‘以逸待劳’。”

冯异命令部队急行军，抢在行巡之前，占领了栒邑。冯异严密封锁消息，紧闭城门，偃旗息鼓，让将士们休整。行巡的部队刚急匆匆地赶到城下，城楼上突然鼓声大作，亮出了冯异的帅旗。行巡的军队毫无防备，吓得四下逃窜。冯异大开城门，领兵冲出城来，大败敌军。

让自己的军队养精蓄锐，等候从远方赶来的敌军，以达到消灭敌人的目的，就叫作“以逸待劳”。

成语接龙

以逸待劳 → 劳而无功 → 功成名就 → 就地取材 → 材薄质衰 → 衰季之风 → 风俗习惯 → 惯战能征 → 征名责实 → 石沉大海 → 海枯石烂 → 烂漫天真 → 真知灼见 → 见多识广

看图猜成语

答案：班门弄斧

写一写

以	逸	待	劳
以	逸	待	劳
以	逸	待	劳
以	逸	待	劳

成语词典

以逸待劳

释义 指在战争中做好充分准备，养精蓄锐，给疲乏的敌人以迎头痛击。

近义词 养精蓄锐

反义词 疲于奔命

造句 我军对前来进犯的敌人采取了以逸待劳的战术，结果获胜。

计日可待

魏明帝曹叡（ruì）当政时，公孙渊占据着辽东，不听中央号令。于是，曹叡命令太尉司马懿率领军队讨伐辽东。

出发前，魏明帝问司马懿："这次出征，估计来回要多长时间？"

司马懿回答："来去各一百天，攻打一百天，中间休息六十天左右，算起来，一年足够了。"

魏明帝决定发兵四万，但不少大臣认为四万兵太多，战事所需的物资难以供应。

语出典籍

三国蜀·诸葛亮《前出师表》："愿陛下亲之信之，则汉室之隆，可计日而待也。"

魏明帝果断地说："迢迢四千里路程，虽然耗费很大，也应当供给，不可过分计较时间和费用。"

司马懿率四万大兵到达辽东后，正遇上大雨连绵，不能及时攻打。朝中大臣议论纷纷，认为应该及早召回司马懿，因为长此以往，不仅战事需要的物资难以供应，军队还会被拖垮。

魏明帝不听，说：“司马懿足智多谋，一定可以随机应变，克服危难，抓住公孙渊计日可待。”

不久，天气转好，司马懿果然打败了公孙渊，并派人把公孙渊的首级送到了京都，辽东终于平定了。

成语接龙

计日可待 → 待月西厢

圆颅方趾 ← 事宽即圆 ← 相安无事

趾踵相接 → 接袂成帷 → 帷灯匣剑

措手不及 ← 张皇失措 ← 剑拔弩张

吉日良辰 → 陈旧不堪 → 看家本领

看图猜成语

答案：顶天立地

写一写

计	日	可	待
计	日	可	待
计	日	可	待
计	日	可	待

成语词典

计日可待

释义　指为期不远。

近义词　指日可待　计日可期

反义词　遥遥无期

造句　既然决心已定，就必须坚持练习。只有这样，学好英语口语才计日可待。

号令如山

岳飞曾跟随周同学习射箭，他刻苦练习，能左右开弓，百发百中；向宗泽学习作战阵图，勤学好问，终于青出于蓝而胜于蓝。岳飞作战有勇有谋，敌军听到“岳家军”就吓得闻风而逃。

但是，“岳家军”令敌人闻风丧胆的更重要的原因，是岳飞带兵号令严明。宗泽死后，接任他职务的南宋将领杜充竟纵容部下大肆抢掠。岳飞那时也在杜充部下，只有他的军队对百姓秋毫无犯。他的将士们宁可忍饥挨饿也不敢扰民，因此百姓称赞岳家军“冻死不拆屋，饿死不掳（lǔ）掠”。

岳飞是个对皇帝十分忠心的人。绍兴五年（1135年），他奉旨征剿杨幺农民起义。杨幺的部下黄佐说：“岳节度（当时岳飞任清远军节度使）号令如山，如果和他对敌，没有胜利的可能，不如投降。”遂率领下属投降了。

语出典籍

《宋史·岳飞传》：“岳节使号令如山，若与之敌，万无生理，不如往降。”

令

成语接龙

号令如山 → 山温水软 → 软硬不吃 → 吃穿用度 → 度日如年 → 年老体衰 → 衰季之风 → 风行一世 → 世故人情 → 情见乎言 → 言多伤幸 → 兴会淋漓 → 离心离德 → 德高望重

看图猜成语

答案：东施效颦

写一写

号	令	如	山
号	令	如	山
号	令	如	山
号	令	如	山

成语词典

号令如山

释义 指军令严肃，不容更改。

近义词 军令如山

反义词 屡禁不止

造句 要想打胜仗，就必须训练出一支号令如山的军队。

四面楚歌

项羽在垓下被汉军打得大败。这天，项羽躺在床上，辗转反侧，思绪万千。突然，远处飘来了一阵凄楚的歌声，那么动人心弦，那么熟悉。这不是楚地的歌曲吗？项羽听得心魄摇动，眼前浮现出家乡山山水水那明媚的风光，父老乡亲那熟悉的面孔，但他又想到自己正被刘邦和诸侯的军队包围，兵少粮尽，正陷入困境，不禁叹了口气。

外面的歌声越来越近，东面唱过西面唱，南面唱过北面唱，此起彼伏，哀怨的音调充满耳朵。项王大吃一惊，说："莫非刘邦已经把楚国全部占领了吗？为什么他的军队里楚人这么多呢？"他从床上爬起来，默默地走到案边喝酒解闷。

语出典籍

西汉·司马迁《史记·项羽本纪》："项王军壁垓下，兵少食尽，汉军及诸侯兵围之数重。夜闻汉军四面皆楚歌，项王乃大惊曰：'汉皆已得楚乎？是何楚人之多也！'"

这时，虞姬走到项王身边，一杯又一杯地为他倒酒，乌骓（zhuī）马的嘶鸣声也断断续续地传进来。项王心有所动，拿起筷子敲碗打拍，慷慨悲愤地唱道：

力拔山兮气盖世，时不利兮骓不逝。

骓不逝兮可奈何，虞兮虞兮奈若何！

唱了几遍，虞姬也忧伤悲切地唱歌应和：

汉兵已略地，四方楚歌声。

大王意气尽，贱妾何聊生。

歌未尽，项王的泪水已一行行落了下来，左右的人也开始放声痛哭……

成语接龙

四面楚歌 → 歌功颂德

德艺双馨 ← 欣欣向荣 ← 荣归故里

里外相应 → 应对不穷 → 穷途末路

路不拾遗 ← 遗臭万年 ← 年老力衰

衰兵败将 → 将强兵勇 → 勇往直前

看图猜成语

答案：对牛弹琴

写一写

四	面	楚	歌
四	面	楚	歌
四	面	楚	歌
四	面	楚	歌

成语词典

四面楚歌

释义 用来比喻被团团包围，处于孤立无援的境地。

近义词 腹背受敌　危机四伏　山穷水尽

反义词 安然无恙

造句 楚汉相争中，项羽在垓下之战的时候已是四面楚歌了。

机不可失

语出典籍

南朝梁·沈约《宋书·范晔传》："兼云人情乐乱，机不可失，谶纬天文，并有征验。"

唐高祖李渊当皇帝后不久，大将李靖（jìng）上书建议攻打在长江中游地区称帝的萧铣（xiǎn）。唐军开抵夔（kuí）州（今重庆奉节）后，萧铣以为正值秋汛期间，江水上涨，唐军不敢贸然进犯，因此不做任何防备。

唐军中有许多将领认为，在水涨时渡江太危险，但是李靖认为，兵贵神速，机不可失。经过几个回合的战斗，李靖率军把萧铣包围在江陵城里，萧铣只好投降。

唐太宗李世民即位后，又派李靖率领十多万大军，分六路讨伐背叛唐朝的东突厥（jué）首领颉利可汗。颉利可汗被唐军打败，派使者向唐太宗求和。唐太宗看出他不是真心想投降，而只是企图取得喘息的机会，因此假意应允讲和，并派人到东突厥的军营中去抚慰。

李靖对唐太宗的想法心领神会，便请副将张公谨来商量，准备采取突然袭击的方法，一举消灭颉利可汗的军队。张公谨表示，皇上已经应允讲和，并派人到他们军营中去抚慰，不能再去袭击。

李靖回答说："用兵在于变幻莫测，行动迅速，机不可失。当年韩信抄项羽的后路破齐，就是最好的例子。"

于是李靖亲率一万骑兵，远道奔袭，大破东突厥兵，歼敌一万多，俘敌十余万，其余的四散逃窜，颉利可汗也被生擒。

成语接龙

机不可失 → 失口乱言

→ 言多伤幸 → 幸灾乐祸 → 祸福惟人

→ 人各有志 → 志同道合 → 合从连横

→ 横祸非灾 → 灾难深重 → 重义轻财

→ 财迷心窍 → 翘足引领 → 领异标新

看图猜成语

答案：飞檐走壁

写一写

机	不	可	失
机	不	可	失
机	不	可	失
机	不	可	失

成语词典

机不可失

释义 指好的时机不可放过，失掉就不会再来。

近义词 不失时机　时不可失　趁热打铁

反义词 失之交臂

造句 兵法中讲究兵贵神速，机不可失。

尔虞我诈

语出典籍

春秋·左丘明《左传·宣公十五年》：“宋及楚平，华元为质。盟曰：‘我无尔诈，尔无我虞。’”

春秋时期，强大的楚国去攻打弱小的宋国，楚庄王亲自率兵，把宋国的都城包围起来。宋国的将士在华元的率领下，同仇敌忾，坚守不懈。

几个月以后，被围的宋军士兵将粮食吃光了，人们不得不把死人骨头当柴烧，甚至交换死掉的孩子当饭吃！但是，他们守城的决心没有动摇。

楚军情况也不妙，由于长期围城，士兵疲劳，粮食紧张。楚庄王准备退兵，但他的一个部下建议，叫士兵们盖房子、种地，装作要长期住在这里的样子。这样，宋国就会因为害怕而投降。楚庄王采纳了他的意见。

一天夜里，宋将华元单身出城，摸进楚营，潜入楚军统帅子反的营帐中，把子反从床上拉起来，喝道：“我们的粮草已经用光了，现在老百姓将孩子杀死充饥，把尸骨劈开当柴烧。可是我们宁愿死去，也决不屈膝投降。你赶快下令退兵三十里，同我们订立和约。”

子反在华元的威逼下，只好答应退兵。子反与华元盟誓，盟词是“我无尔诈，尔无我虞”。盟誓后，子反将此事报告楚庄王，楚庄王也同意了。

第二天，楚庄王下令退兵三十里，宋国就同楚国讲和了，而华元则成为楚国的人质。

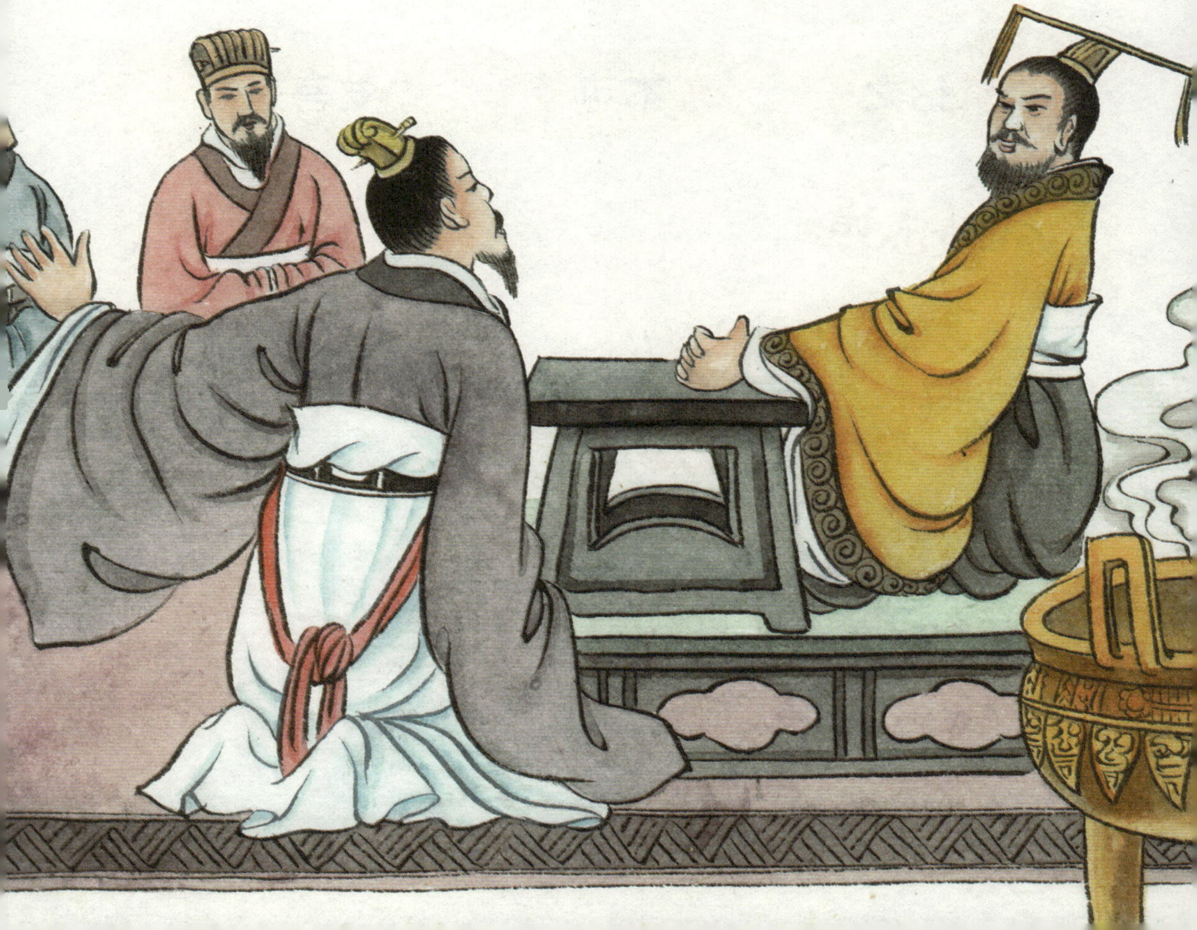

成语接龙

尔虞我诈 → 诈败佯输 → 输心服意 → 意味深长 → 长驱直入 → 入木三分 → 分秒必争 → 争权夺利 → 利欲熏心 → 心口如一 → 一步登天 → 天伦之乐 → 乐不可支 → 支支吾吾

看图猜成语

答案：奋发图强

写一写

尔	虞	我	诈
尔	虞	我	诈
尔	虞	我	诈
尔	虞	我	诈

成语词典

尔虞我诈

释义 比喻互相欺骗，互不信任。

近义词 勾心斗角

反义词 推心置腹　坦诚相见

造句 同志间要彼此坦诚，不能尔虞我诈。

师直为壮

语出典籍

春秋·左丘明《左传·僖公二十八年》："师直为壮，曲为老。岂在久乎？"

春秋时期，楚国起兵围攻宋国。当时，宋国是晋国的附属国，宋王就派使臣去向晋文公求援。

晋文公派大军开赴宋国的边境，但晋军始终避免与楚军交战，因为正面与楚国交战，可能引起齐、秦等大国反对。楚王见晋军赶到，忙命令楚军火速从宋国撤回。楚军将领子玉好大喜功，拒不服从楚王的命令，率领军队对晋军穷追猛打。晋军的统帅按晋文公的吩咐，领军后撤。

晋军将士对此很不满意，抱怨道："国君躲避臣下是奇耻大辱啊！况且楚军已经疲惫困顿，我军应乘机一举歼灭它们，为何退而不战呢？"

晋军的统帅说："两军交战，出兵有正当理由，士气就旺盛，战斗力就强。我军先退却一段，是对楚军表示恩惠。如果楚军不知好歹，继续追杀我军，那么他们就理屈了，我军则有足够的理由去击杀他们。到了那时，我军再反击也不迟！”

果然，楚军将领子玉仍一意孤行，率军追击晋军，结果在城濮（今山东鄄城西南）遭到晋军的伏击，大败而逃。城濮之战，晋军取得全胜。此后，晋文公取得了霸主的地位。

成语接龙

师直为壮 → 壮心不已

隐介藏形 ← 山栖谷隐 ← 已归道山

形输色授 → 授受不亲 → 亲若手足

楚云湘雨 ← 衣冠楚楚 ← 足食丰衣

雨沾云惹 → 惹草拈花 → 花团锦簇

看图猜成语

答案：高山流水

写一写

师直为壮

师直为壮

师直为壮

师直为壮

成语词典

师直为壮

释义 出兵有正当理由，军队就气壮，有战斗力。现指为正义而战的军队斗志旺盛，所向无敌。

近义词 哀兵必胜

反义词 师出无名

造句 师直为壮，我们为人类的解放而斗争，有什么敌人不能战胜呢？

师出无名

语出典籍

南朝陈·徐陵《武皇帝作相时与北齐广陵城主书》:“辱告承上党殿下及匹娄领军应来江右，师出无名，此是何义？”

公元前206年，刘邦率军攻占秦都咸阳，推翻秦朝统治。不久，项羽率大军进入咸阳，烧了秦朝的宫室。接着，他派人向他所拥立的楚怀王禀报了入秦的情况。楚怀王表示，按以前的约定办：谁先打败秦军、攻入咸阳，谁就当秦王。

项羽虽然是后进咸阳的，但他倚仗自己兵马强大，所以自封为西楚霸王；又将刘邦封为汉王，让他到人烟稀少的巴蜀之地去；同时，给了楚怀王一个徒有虚名的尊号“义帝”，又暗中指使人把义帝杀死。

项羽的这些举动，引起了诸侯王的强烈不满。汉王刘邦领兵到了洛阳，董公对刘邦说：“我听说没有正当理由，做大事就不能成功。项羽无道，杀了他的君王，为天下人所怨。您趁此率军征伐，四海之内都会仰慕您的德行。这样，您就同周武王讨伐殷纣王一样，兴的是仁义之师。”

从此，刘邦与项羽展开了长期战争。

成语接龙

师出无名 → 名垂百世

世道人情 → 情不自已 → 已归道山

山珍海错 → 错落不齐 → 齐驱并进

进退无途 → 途穷日暮 → 暮夜先容

容光焕发 → 发愤忘食 → 食古不化

看图猜成语

答案：管中窥豹

写一写

师	出	无	名
师	出	无	名
师	出	无	名
师	出	无	名

成语词典

师出无名

释义 出兵没有正当理由，也引申为做事没有正当理由。

近义词 无名之师　兵出无名

反义词 师出有名

造句 你得找个理由，否则师出无名，你就见不到他了。

各自为政

春秋时期，郑、宋两国交战。两军刚一对阵，宋军主帅华元的战车就忽然离开了自己的阵地和队伍，单车匹马直向敌人密集的地方驶去。郑兵见了便一拥而上，活活地把华元从车上抓了下来。

原来在开战前，宋军主帅华元杀羊设酒，犒（kào）劳将士，却忘了留一块羊肉分给车夫羊斟（zhēn）。羊斟以为这是华元轻视他，因此怀恨在心，就打算在战场上给华元一个教训。

次日，两军刚刚摆好阵势，羊斟就对华元说："昨天分羊肉，是你华元做主；今天赶车，就要由我来做主了！"

于是，这就造成了前面所说华元被俘、宋军大败的后果。

语出典籍

春秋·左丘明《左传·宣公二年》："畴昔之羊，子为政；今日之事，我为政。"

成语接龙

各自为政 → 政通人和 → 和合双全 → 全神贯注 → 助纣为虐 → 虐老兽心 → 心烦意乱 → 乱七八糟 → 遭事制宜 → 宜家之乐 → 乐极生悲 → 悲伤憔悴 → 脆而不坚 → 坚贞不渝

看图猜成语

答案：过街老鼠

写一写

各	自	为	政
各	自	为	政
各	自	为	政
各	自	为	政

成语词典

各自为政

释义 指各自按自己的主张办事，不互相配合。比喻不考虑全局，各搞一套。

近义词 各自为营

反义词 同心协力　顾全大局

造句 他们各自为政，意见很难统一。

如临大敌

唐朝末年，黄巢率众起义，南下攻占了广州以后，又北上攻占了唐朝的首都长安，唐僖（xī）宗仓皇出逃。

唐僖宗为了阻止起义军继续进军，任命进士出身的郑畋（tián）做凤翔节度使。他流着眼泪对郑畋说："凤翔地处要冲，你一定要给我坚守住！"

郑畋对唐僖宗说："凤翔远离皇上，战事又千变万化，能不能给我见机行事的权力？"

唐僖宗说："只要对朝廷有利，这仗就随便你怎么打吧。"

郑畋到了凤翔以后，修造战车，扩充军队，加固城墙，并

语出典籍

《旧唐书·郑畋传》："畋还镇，搜乘补卒，缮修戎仗，浚饰城垒。尽出家财以散士卒，昼夜如临大敌。"

把自己的家产分发给士兵。军队日日夜夜都如临大敌，备战不懈。

不久，黄巢手下的将军尚让率领五万大军进攻凤翔。尚让自以为势大，又以为郑畋是个读书人，不会用兵打仗，因而他行军不列行伍，轻敌冒进；结果中了郑畋的埋伏，大败而逃，损失了两万多兵士。

成语接龙

如临大敌 → 敌不可纵

纵风止燎 → 燎原之势 → 势不可挡

党同伐异 → 异想天开 → 开天辟地

地大物博 → 博闻强记 → 技高胆大

大海捞针 → 真刀真枪 → 枪林弹雨

看图猜成语

答案：邯郸学步

写一写

如	临	大	敌
如	临	大	敌
如	临	大	敌
如	临	大	敌

成语词典

如临大敌

释义 好像面对着强大的敌人。形容把本来不是很紧迫的形势看得十分严重。

近义词 小题大作　如临深渊

反义词 开门揖盗　临危不惧

造句 每次考试，小华都有如临大敌的感觉。

迅雷不及掩耳

211年，曹操在潼（tóng）关（今陕西渭南潼关县北）附近同韩遂、马超作战。

韩遂、马超率兵七万占据了潼关。曹操感到威胁，就亲率大军西征。他一面将大队人马开往潼关附近，驱使马超主力军聚集潼关；一面又派大将徐晃偷渡黄河，筑起营寨夹击马超。

当马超退据渭南以后，曹操为使他放松警惕，对马超一次又一次的挑战性进击不但不还击，还假装答应韩遂、马超割地议和的要求；然后千方百计离间马超与韩遂的关系，以削弱敌人力量；同时暗中积蓄自己的军力，等到一定时机集中力

语出典籍

周·姜子牙《六韬·龙韬·军势》："疾雷不及掩耳，迅电不及瞑目。"

量突然向马超军发起猛攻。

战斗胜利以后，将士都称赞曹操的智谋。曹操说这就是《六韬》中所说的“疾雷不及掩耳”的战法。

后来，“疾雷不及掩耳”演变为“迅雷不及掩耳”这一成语。

成语接龙

迅雷不及掩耳 → 耳后生风 → 风流倜傥 → 傥来之物 → 物美价廉 → 廉洁奉公 → 公私分明 → 明争暗斗 → 斗艳争妍 → 言不及义 → 义不容辞 → 辞旧迎新 → 新来乍到 → 道路以目

看图猜成语

答案：囫囵吞枣

写一写

迅雷不及掩耳

迅 雷 不 及 掩 耳

迅 雷 不 及 掩 耳

成语词典

迅雷不及掩耳

释义 比喻来势凶猛，使人来不及防备。

近义词 风驰电掣　出其不意

反义词 蜗行牛步

造句 青蛙以迅雷不及掩耳之势，把虫子捉住了。

决一雌雄

秦朝灭亡后，汉王刘邦与西楚霸王项羽进行了长达四年多的楚汉战争。

有一年，楚汉两军在广武（今河南荥阳东北）对峙。刘邦和项羽分别驻守在广武的东、西两城。两城相距数百步，中间只隔着一条广武涧。

一天，项羽亲自来到阵前，向刘邦喊话说："天下动乱不定已有多年，至今还不能平静，都是因为你我两人的缘故。今天咱们拼力决一雌雄，从此再不要让百姓跟我们受苦了！"

刘邦笑着回答："我宁可跟你斗智，也不愿跟你斗力。"

项羽下令让勇士们出阵挑战，但一连去了三批人，都被汉军的一个神射手楼烦用箭射死。

语出典籍

西汉·司马迁《史记·项羽本纪》："天下匈匈数岁者，徒以吾两人耳，愿与汉王挑战，决雌雄，毋徒苦天下之民父子为也。"

项羽大怒，亲自披挂上阵挑战。楼烦正待射箭，项羽瞪起双眼向他大喝一声，声震大地，吓得楼烦不敢正眼看他，转身逃到汉军营垒里去了。

可刘邦还是坚持“斗智”，只管滔滔不绝地数起项羽的“十大罪状”来，就是不出阵应战。直到项羽的弓箭手从暗处向他射一箭，刘邦这才负伤撤退。

成语接龙

决一雌雄 → 雄辩强据

高低不就 ← 首下尻高 ← 据图刎首

就日瞻云 → 云迷雾罩 → 照猫画虎

掉以轻心 ← 尾大不掉 ← 虎头蛇尾

心猿意马 → 马到成功 → 功成名就

看图猜成语

答案：狐假虎威

写一写

决	一	雌	雄
决	一	雌	雄
决	一	雌	雄
决	一	雌	雄

成语词典

决一雌雄

释义 指较量一下胜败高低。

近义词 决一胜负　鹿死谁手

反义词 不分胜负

造句 来，再杀一盘，我们决一雌雄！

兵贵神速

语出典籍

春秋·孙武《孙子兵法·九地篇》:“兵之情主速。”西晋·陈寿《三国志·魏书·郭嘉传》:“太祖将征袁尚及三郡乌丸……嘉言曰:‘兵贵神速。’”

东汉末年，天下大乱，群雄四起。出身名门的袁绍成为北方势力最强的军阀。200 年，袁绍和曹操在官渡（今河南中牟东北）大战。袁绍战败，不久病死。他的儿子袁熙、袁尚投奔北方的蹋顿单于。蹋顿支持袁氏兄弟，他经常派兵入侵，曹操深感忧虑。

207 年，曹操决定亲自领兵征讨北方三郡，消除北方边患。曹军人马、辎（zī）重太多，走了一个多月才到达河间的易城（今河北雄县西北）。谋士郭嘉对曹操说:“用兵贵在神速，使敌人难以预料。我们应当把

大量辎重留下，派出轻兵昼夜兼程，深入敌境，出其不意发动进攻，这样才能取得胜利。”

曹操采纳了郭嘉的建议，亲率数千精兵轻装北进。他们翻山越岭，直奔蹋顿所在地柳城（今辽宁朝阳西南）。在距离柳城还有一百多里的白狼山，曹军与蹋顿的几万名骑兵相遇了。虽然双方兵力相差悬殊，但曹操并不慌乱。他登上高处，见敌军队形不整，就立即下令先锋张辽率领部队猛冲过去。曹军将士以一当十，奋勇杀敌，勇往直前。蹋顿军队大败，蹋顿和许多将领死于乱军之中。

成语接龙

兵贵神速 → 速战速决 → 决胜千里 → 里应外合 → 合盘托出 → 出生入死 → 死气沉沉 → 沉鱼落雁 → 雁塔题名 → 名副其实 → 实至名归 → 归心如飞 → 蜚声海外 → 外强中干

看图猜成语

答案：画饼充饥

写一写

兵	贵	神	速
兵	贵	神	速
兵	贵	神	速
兵	贵	神	速

成语词典

兵贵神速

释义 指用兵贵在行动特别迅速。

近义词 速战速决　事不宜迟

反义词 犹豫不决　优柔寡断

造句 乘胜追击，兵贵神速，不给敌人喘息之机。

兵不血刃

语出典籍

《荀子·议兵》:"故近者亲其善,远方慕其德,兵不血刃,远迩来服。"

东晋的屯骑校尉郭默作战勇敢,但此人一贯骄横跋扈,把谁都不放在眼里,有一次竟然因为泄私愤杀死了平南将军刘胤。事后,他还大胆伪造诏书,诬陷刘胤谋反,向各州郡通报。这件事暴露后,宰相王导怕朝廷无力惩处他,不但不向他问罪,反而加封他的官职。

陶侃(kǎn)知道这件事后,一方面上书朝廷请求讨伐郭默,一方面写信给王导,要求他采取果断措施。信中有两句话写得非常有力:"郭默杀害州官,朝廷就任命他当州官。难道他杀害宰相,就让他当宰相不成!"

王导读了这封信，受到很大的触动，便派陶侃率军去讨伐郭默。郭默深知陶侃领兵作战十分厉害，听说他亲自来讨伐，感到非常焦急，打算率军离开江州南下。但陶侃出兵神速，郭默还未离城，陶侃的大军就已经将江州团团围住。

郭默想固守城池，但又知道自己不是陶侃的对手，怕城破后性命难保；想开城门投降，又怕朝廷要杀他的头，真是左右为难。他手下的一名叛将见大势已去，便将他逮捕后打开城门投降。陶侃兵不血刃、不战而胜，平定了这次叛乱。

成语接龙

兵不血刃 → 刃没利存 → 存亡安危 → 危如累卵 → 卵石不敌 → 敌不可假 → 假模假式 → 是非分明 → 明灭可见 → 见义勇为 → 为人师表 → 表里如一 → 一心一意 → 意乱情迷

看图猜成语

答案：画龙点睛

写一写

兵	不	血	刃
兵	不	血	刃
兵	不	血	刃
兵	不	血	刃

成语词典

兵不血刃

释义 指兵器上没有沾上血。形容未经战斗就轻易取得了胜利。

近义词 不战而胜　旗开得胜

反义词 血流成河　浴血争战　尸横遍野

造句 解放军兵不血刃，和平解放了西藏。

初生之犊不惧虎

语出典籍

明·罗贯中《三国演义》：“俗云初生之犊不惧虎，父亲纵然斩了此人，只是西羌一小卒耳，倘有疏虞，非所以重伯父之托也。”

东汉末年，刘备占领汉中，自称汉中王，准备进攻中原。这时，曹操与孙权之间发生了冲突，于是刘备命令镇守荆州的关羽率兵北上，进攻襄阳与樊城。曹操部将曹仁领兵抵抗，被关羽部将廖化、关平打败。曹操接到战报，立即派大将于禁和先锋庞德统领七支人马，前去增援。

庞德率领先锋部队来到樊城，为了表示与关羽决一死战的决心，他让士兵抬着一口棺材，走在队伍前面。两军对阵，庞德耀武扬威，指名道姓要关羽出战。关羽欣然出阵，与庞德大战百余回合，不分胜负。

关羽回到营寨后，他的儿子关平说：“初生之犊不惧虎，庞德不过是一个小兵，把他杀了也没什么价值。如果有什么闪失，恐怕辜负了伯父（刘备）的重托啊！”关羽却说：“不杀此人，难解我的心头之恨！”

这时正是秋季，樊城地区秋雨连绵，汉水漫上堤岸，樊城被围于大水中。关羽派人堵在水口，等到江水暴涨，扒开水口，洪水汹涌而出，淹没了于禁率领的七支人马。关羽命令将士登上预先造好的船筏，向敌军发起猛攻。庞德率领部下奋勇抵抗，从早晨一直战斗到中午，最后落水被俘，因不肯投降被关羽所杀。

成语接龙

初生之犊不惧虎 → 虎口残生

天网恢恢 ← 抢地呼天 ← 生夺硬抢

恢宏大度 → 度日如年 → 年轻力壮

别具匠心 ← 云泥之别 ← 壮志凌云

心细如发 → 发愤图强 → 强词夺理

看图猜成语

答案：画蛇添足

写一写

初生之犊
不惧虎

初生之犊不惧虎
初生之犊不惧虎

成语词典

初生之犊不惧虎

释义 比喻阅世不深的青年人敢说敢干，无所畏惧。

近义词 无所畏惧　敢作敢为

反义词 胆小怕事

造句 他小小年纪，就敢外出闯荡，真是初生之犊不惧虎。

势如破竹

语出典籍

唐·房玄龄等《晋书·杜预传》："今兵威已振，譬如破竹，数节之后，皆迎刃而解。"

三国末期，司马炎自立为晋武帝，准备出兵灭吴。280年，西晋著名将领杜预奉命率领几路大军进攻吴国。杜预只用十来天的时间，就攻占了长江上游许多城镇。沅（yuán）、湘两江以南一带的州郡，也都纷纷投降。

杜预想趁此有利时机，一举灭掉吴国。可是有人却认为，吴国是个历史悠久、实力雄厚的大国，很难一下子把它灭掉；况且时值夏季，雨水很多，河流泛滥，交通不便，气候炎热，疫病容易流行，不如暂时停止进兵，待到冬季进攻也不算晚。杜预不同意这种意见，他坚定地说："从前，燕国的乐毅凭借济西一战，就攻占了强大的齐国。现在我军士气旺盛，趁此大好时机攻打吴国，势如破竹。"

杜预坚定地按照自己的意见挥军作战。不久，晋军就攻占了建业，吴主孙皓投降。西晋终于统一了全国。

成语接龙

势如破竹 → 竹篱茅舍 → 舍生忘死 → 死于非命 → 命在旦夕 → 夕阳古道 → 道听途说 → 说一不二 → 二龙戏珠 → 珠光宝气 → 气定神闲 → 闲云野鹤 → 鹤立鸡群 → 群龙无首

看图猜成语

答案：饥寒交迫

写一写

势	如	破	竹
势	如	破	竹
势	如	破	竹
势	如	破	竹

成语词典

势如破竹

释义　形容作战或工作节节胜利，毫无阻碍。

近义词　摧枯拉朽　所向披靡　节节胜利　长驱直入

反义词　节节败退　兵败如山倒

造句　中国经济的发展势如破竹，祖国大地一片繁荣。

罗雀掘鼠

语出典籍

北宋·欧阳修等《新唐书·张巡传》:"至罗雀掘鼠,煮铠弩以食。"

唐天宝十四年(755年),平卢、范阳、河东三镇节度使安禄山发动"安史之乱"。他攻破洛阳,并在第二年称帝,进入长安。叛军烧杀掳掠,非常残暴,人民纷纷起来反抗斗争。广德元年(763年),叛乱被平定。

在平定"安史之乱"的过程中,唐将张巡与太守许远共同作战,防守睢(suī)阳(今河南商丘中南部)。当时,睢阳守兵只有三千人,而叛军却有十几万人。叛军一方面猛烈攻城,一方面劝张巡投降,但张巡毫不屈服。睢阳被叛军一连围困了几个月,内无粮草,外无救兵。在极端困难的情况下,张巡令将士们网罗捕捉空中飞行的鸟雀,挖掘鼠洞寻找食物,把兵器上的皮革解下煮食。坚守几个月之后,睢阳终因弹尽粮绝、寡不敌众被攻破。张巡拒绝投降,惨遭杀害。

成语接龙

罗雀掘鼠 → 鼠穴寻羊

羊入虎口 → 口是心非 → 非同小可

可想而知 → 知难而进 → 进退两难

难以置信 → 信手拈来 → 来日方长

长年累月 → 月黑风高 → 高山流水

看图猜成语

答案：惊弓之鸟

写一写

罗	雀	掘	鼠
罗	雀	掘	鼠
罗	雀	掘	鼠
罗	雀	掘	鼠

成语词典

罗雀掘鼠

释义 原指张网捉麻雀、挖洞捉老鼠来充饥的窘困情况，后比喻想尽办法筹措财物。

近义词 罗掘一空

反义词 填坑满谷

造句 被告的家属罗雀掘鼠，才凑够那笔代理诉讼费。

内 容 提 要

这是一套给孩子看的彩绘版《典籍中的成语故事》，共有10册，每册一个主题，分别为爱国爱民篇、智慧谋略篇、远见卓识篇、人生百态篇、奇闻趣事篇、士林趣话篇、品格节操篇、巧言妙语篇、奋斗践行篇、说情解意篇。本书成语皆出自不同的典籍，以典籍中的故事来讲述成语；同时设置"成语接龙""看图猜成语""成语词典"等小板块，激发孩子对成语的学习兴趣，提高孩子的写作能力，让孩子开阔眼界，提高语言表达能力。

图书在版编目（CIP）数据

典籍中的成语故事．智慧谋略篇 / 新新世纪编著．-- 北京 ：航空工业出版社，2022.6
ISBN 978-7-5165-3057-3

Ⅰ．①典… Ⅱ．①新… Ⅲ．①汉语－成语－故事－少儿读物 Ⅳ．①H136.31-49

中国版本图书馆CIP数据核字（2022）第086399号

典籍中的成语故事 · 智慧谋略篇
Dianjizhongde Chengyugushi · Zhihuimoulüe Pian

航空工业出版社出版发行
（北京市朝阳区京顺路5号曙光大厦C座四层 100028）
发行部电话：010-85672688 010-85672689

三河市双升印务有限公司印刷 全国各地新华书店经售
2022年6月第1版 2022年6月第1次印刷
开本：710×1000 1/16 字数：16千字
印张：4.5 定价：188.00元（全10册）

咪奇熊®
MIQIXIONG

典籍中的成语故事

远见卓识篇

新新世纪◎编著

航空工业出版社
北京

前言

在浩如烟海的典籍中，成语作为中华语言的精华、文明的积淀、历史的浓缩、智慧的结晶，成为传承中华文明的重要载体。时至今日，仍有大量的成语在被广泛使用，散发着永恒的魅力。

同时，成语也是小学生语文的必修内容。在作文写作中，恰当地运用成语，可以使文章熠熠生辉；在口头表达中，则可以使你的语言更富有感染力。因此，熟练掌握和运用成语，不仅能达到言简意赅的效果，同时也是衡量一个人文字功底、文化素养以及语言表述能力的重要标尺。

本套书将成语按主题分为10册，收录了170则成语和与之一一对应的成语故事。书中除了讲述故事，还有成语的出处、释义、近义词、反义词、造句示例，让小读者既明其义、会使用，又知其源，了解其中所蕴含的丰富文化意义；同时还设置了小朋友喜欢的成语接龙和看图猜成语板块。在游戏中记住成语何乐而不为？文中配有近500幅精美插图，使故事生动活泼，引人入胜。

现在，就让我们翻开本书，一起走进成语故事的世界，去品味中华语言文化的博大精深和妙趣横生吧！

目录

争先恐后

春秋时期，赵襄子请王于期教他驾车。一天，赵襄子问王于期：“您教我驾车，全教完了吗？”

王于期回答说：“技术全教给您了。”

赵襄子又问：“那我跟您比赛，看谁驾得快。”

车道上，两辆马车辘辘驶过。王于期镇定自若，看着自己的马，胸有成竹地驾驶着；赵襄子神情慌张，眼睛不断看着王于期，一会儿赶到他的前面，一会儿又落到他后面。比赛结果，赵襄子落在王于期后面一大截。赵襄子不服气，心想一定是他的马好，就换了一匹，继续跟他比赛，可惜还是输。第三次，赵襄子气极了，可还是赢不了王于期。

语出典籍

《韩非子·喻老》：“今君后则欲逮臣，先则恐逮于臣。夫诱道争远，非先则后也。而先后心皆在于臣，上何以调于马？此君之所以后也。”

赵襄子很丧气，闷闷不乐地对王于期说：“您一定没把技术全教给我。”

王于期笑笑说：“技术已教完了，可是您技术运用错了，驾车最重要的是让马和车相安，人心和马协调，然后才考虑速度。可现在，您争先恐后，思想都集中在我身上，这样还怎么和马协调呢？这是您落后的原因啊！”

成语接龙

争先恐后 → 后起之秀

秀才造反 → 反治其身 → 身价倍增

增砖添瓦 → 瓦鸡陶犬 → 犬马齿穷

穷途末路 → 路绝人稀 → 稀世之宝

宝刀不老 → 老有所终 → 终成泡影

看图猜成语

答案：饱食终日

写一写

争	先	恐	后
争	先	恐	后
争	先	恐	后
争	先	恐	后

成语词典

争先恐后

释义 争着向前，唯恐落后。

近义词 不甘人后　跃跃欲试

反义词 踌躇不前　姗姗来迟　畏缩不前

造句 在学校举行的体育比赛中，各班同学争先恐后，奋力拼搏。

冰山难靠

唐玄宗李隆基特别宠爱杨玉环，封她为贵妃，这样一来杨家便鸡犬升天了。她的堂兄杨钊也官运亨通，身兼多个官职，皇帝又赐给他一个名字，叫“国忠”。后来杨国忠做了宰相，大权在握，不可一世，不少人都去投靠他。

当时，陕西有一个进士，名叫张彖（tuàn），没有机会做官。他的朋友们都劝他去拜见杨国忠，作为进身之阶。可是他始终不去，反倒对劝他的朋友说：“你们都把杨国忠看得像泰山一样稳固，可是我以为他不过是一座冰山罢了。将来天下有了动乱，他就会垮掉，好比冰山遇到太阳化掉一样，到那时候你们就失掉靠山了。”

不久，安禄山起兵叛乱，杨国忠随同唐玄宗逃往四川，在马嵬（wéi）驿被士兵杀死。杨贵妃也被缢死，杨家这座山果然倒塌了。

语出典籍

北宋·司马光《资治通鉴·唐纪三十二》：“君辈倚杨右相如泰山，吾以为冰山耳！若皎日既出，君辈得无失所恃乎！”

成语接龙

冰山难靠 → 靠天吃饭 → 饭囊酒瓮 → 瓮声瓮气 → 气吞万里 → 里通外国 → 国富民强 → 强不凌弱 → 弱不禁风 → 风号雨泣 → 泣不成声 → 声名鹊起 → 起兵动众 → 众星捧月

看图猜成语

答案：敝帚自珍

写一写

冰 山 难 靠

冰 山 难 靠

冰 山 难 靠

冰 山 难 靠

成语词典

冰山难靠

释义 比喻不能长久的权势，难于依靠。

近义词 冰山易倒

反义词 泰山可倚

造句 冰山难靠，我们不能总是依赖别人，终究还是要依靠自己。

惊弓之鸟

战国时魏国的武将更羸（yíng），射箭技术很高明。一日他陪着魏王去游玩，看见一只雁从远处飞来，于是他对魏王说："我可以不用箭，只用一张空弓就可把飞鸟射下来。"

魏王半信半疑地问："你射箭的技术有如此高明吗？"

更羸说："我有把握把飞鸟射下来。"

当雁飞近时，更羸举起弓，只用手拉了一下弦，"嗡"地响了一声。那只雁立刻应着弦声掉落下来。

魏王惊讶地说："你射箭的技术果然高明啊！"

更羸说："不是我的技术高明，而是这只雁已经受了伤。"

魏王疑惑地问他："你怎么会知道呢？"

更羸解释说："因为这只雁

语出典籍

西汉·刘向《战国策·楚策四》："其飞徐而鸣悲。飞徐者，故疮痛也；鸣悲者，久失群也。故疮未息，而惊心未至也，闻弦音引而高飞，故疮陨也。"

飞得很慢，叫声又很凄惨。飞得慢，是因为受了创伤；叫声凄惨，是因为失了群。这只鸟因为创伤没有好，心里还很惊怕，所以听到弓弦的声音就惊落下来了。”

这就是成语“惊弓之鸟”的由来。

成语接龙

惊弓之鸟 → 鸟得弓藏 → 藏锋敛颖 → 颖悟绝人 → 人孰无过 → 过耳之言 → 言重九鼎 → 鼎玉龟符 → 扶摇而上 → 上溢下漏 → 漏网之鱼 → 鱼水之欢 → 欢天喜地 → 地动山摇

看图猜成语

答案：秉烛夜游

写一写

惊弓之鸟

惊弓之鸟

惊弓之鸟

惊弓之鸟

成语词典

惊弓之鸟

释义 被弓箭吓怕了的鸟。比喻受过某种惊吓，遇到一点动静就非常害怕的人。

近义词 伤弓之鸟

反义词 面不改色

造句 那些被打败的侵略者犹如惊弓之鸟，听见鞭炮声就跑。

塞翁失马，安知非福

古时候，有一个老头儿，因为住在边塞上，所以被人称为塞翁。

有一天，塞翁家的马忽然跑到塞外去了，邻居们都来安慰他。可是塞翁一点儿也不着急，反而高兴地说：“丢失了一匹马没有关系，怎么知道这不会成为一件好事呢？”

过了段时间，那匹马跑了回来，还带回来一匹匈奴的骏马。邻居们赶来向他庆贺，可是塞翁并不为此感到高兴，他说：“虽然白白得到一匹好马，怎么知道这不会变成一件坏事呢？”

塞翁的儿子很喜欢骑马。一天，他骑上那匹骏马出去游玩，不小心从马上摔下来，腿摔断了。邻居们又来安慰，可是塞翁并不难过，他说：“这没什么，孩子的腿虽然摔断了，怎么知道这不会成为一件好事呢？”

语出典籍

《淮南子·人间训》：“故福之为祸，祸之为福，化不可极，深不可测也。”

不久，匈奴兵大举入侵，边塞上的青壮年都被征去当兵，大部分人死在了战场上。塞翁的儿子却因为伤了腿，不能去当兵打仗，保全了性命。

成语接龙

塞翁失马，安知非福

福星高照 → 照功行赏 → 赏罚分明

明若观火 → 火上浇油 → 油然而生

生不逢时 → 时不我待 → 待时而动

动静有常 → 长年累月 → 月朗星稀

看图猜成语

答案：馋涎欲滴

写一写

塞翁失马，
安知非福

塞翁失马，安知非福
塞翁失马，安知非福

成语词典

塞翁失马，安知非福

释义 比喻一时虽然受到损失，也许反而因此能得到好处。也指坏事在一定条件下可转变为好事。

近义词 失之东隅，收之桑榆　因祸得福

反义词 因福得祸

造句 眼前吃点亏不用太沮丧，要知“塞翁失马，安知非福”。

化干戈为玉帛

语出典籍

春秋·左丘明《左传·僖公十五年》:“上天降灾,使我两君匪以玉帛相见,而以兴戎……”

春秋时期,秦穆公娶了晋献公的女儿为妻,两国非常友好。晋献公死后晋国发生内乱,秦穆公帮助晋献公的儿子晋惠公登上了王位;晋国发生了饥荒,秦国运粮去帮助他们渡过难关。可是,晋惠公对秦国却不很友好。有一年,秦国遭了灾,去向晋国借粮,晋惠公却不给。而且,晋惠公原来答应送给秦国的城市和土地,也赖掉不给了。秦穆公很气愤,就派兵攻打晋国。

晋军一触即溃,晋惠公带兵逃到韩地,秦兵也追到韩地。结果晋惠公被俘,秦穆公打算把他带到秦国去。

秦穆公的夫人穆姬听说同父异母的哥哥晋惠公被俘,认为晋惠公忘恩负义,现在又成了俘虏,是她的极大耻辱,但她还是想救晋惠公一命。于是,她领着几个儿女登上一座高台,台下堆满柴草。然后，她命令人们穿上丧服迎接秦公，并且让他们传话说："上天降下了灾难使得秦、晋两国国君不得用玉帛相见，而是大动干戈。我坚决不见晋惠公，如果大王把他带进国都，我立刻就自焚而死。"

秦穆公只好将晋惠公暂时安置在灵台。后来，秦穆公又和晋惠公讲和，把他送回了晋国，秦、晋两国终于化干戈为玉帛。

成语接龙

化干戈为玉帛 → 勃然大怒 → 怒从心生 → 生花妙语 → 语重心沉 → 沉几观变 → 变生意外 → 外强中瘠 → 瘠己肥人 → 人情物理 → 理应如此 → 此起彼落 → 落月屋梁 → 梁上君子

看图猜成语

答案：巢毁卵破

写一写

化 干 戈 为 玉 帛

化 干 戈 为 玉 帛

化 干 戈 为 玉 帛

化 干 戈 为 玉 帛

成语词典

化干戈为玉帛

释义 把战争或斗争变为和平、友好。干戈：兵器，借指战争或者争斗。玉帛：玉即玉器；帛为丝织品。二者皆为进贡之上品，在此引申为重修于好，相互礼尚往来的意思。

近义词 化敌为友　化戾气为祥和

反义词 反目为仇　反面无情

造句 冤家宜解不宜结，你们还是化干戈为玉帛吧。

多行不义必自毙

春秋时期，郑庄公的弟弟共叔段深得母亲姜氏的喜欢。姜氏为他向庄公讨封京地，庄公答应了，于是共叔段就在他的京地修起都城，城墙修得很大，超过了规定。

郑国的大夫祭仲看到这种情况，便对庄公说："共叔段的做法分明是要与国君分庭抗礼。"

庄公很为难地说："这是母亲要这样做的，我怎能避免这种祸害呢？"

祭仲说道："姜氏哪里会有满足的时候！不如趁早设法不要让他的势力蔓延。"

语出典籍

春秋·左丘明《左传·隐公元年》："多行不义，必自毙，子姑待之。"

"不！"庄公说，"他多行不义必自毙，你姑且等着瞧吧！"

不久，共叔段把京地西边与北边的百姓都召过来归他管理，接着又将那里的土地收来归为自己所有。

后来，他胆子越来越大，他修好了城墙以后，又扩大了军队，制造了兵器，准备动手进攻郑国的都城。姜氏也秘密与他策划，作为内应，企图一举获胜。

共叔段与姜氏的计谋，庄公都看在眼里。他得到了共叔段发动进攻的消息以后，便下令攻打京地。他派二百乘兵车包围了京城，京城内部的士兵也反叛过来，袭击共叔段，最终共叔段惨败。

成语接龙

多行不义必自毙 → 必不可少 → 少头缺尾 → 尾大不掉 → 掉以轻心 → 心旷神怡 → 疑神疑鬼 → 鬼斧神工 → 工于心计 → 计上心来 → 来龙去脉 → 卖主求荣 → 容光焕发 → 发人深思

看图猜成语

□□□□

答案：沉灶产蛙

写一写

多行不义
必自毙

多行不义必自毙
多行不义必自毙

成语词典

多行不义必自毙

释义 坏事干多了，必定自取灭亡。

近义词 自食其果　作法自毙　作茧自缚

反义词 吉人自有天相

造句 经常干坏事的东子终于被抓起来了，真是多行不义必自毙啊！

共为唇齿

语出典籍

西晋·陈寿《三国志·蜀书·邓芝传》："蜀有重险之固，吴有三江之阻，合此二长，共为唇齿，进可并兼天下，退可鼎足而立。"

三国时期，刘备死后，诸葛亮为了修复与东吴的关系，共同抗魏，派邓芝出使吴国。邓芝到了吴国，孙权却称病不见他。邓芝料到孙权变了心，不打算与蜀国交好，可能要依附魏国，就写了一封信送给孙权。信上说："我这次来不单是为了蜀国，也是为了吴国。"孙权这才召见邓芝。

孙权坦率地告诉邓芝："我是诚心诚意与蜀国和亲，担心的是刘禅幼弱，国小势微，如果魏兵攻击，你们自身难保呀，我为这事忧虑啊，所以犹豫不决……"

邓芝说："吴、蜀两国四州之地，这是成就王业的基础。诸葛亮乃当世英杰，蜀国有险要地势，十分牢固；吴国有三江之阻，也是固若金汤。如果把我们两国的优势合为一股，共为唇齿，进攻可以兼并天下，退守可以鼎足而立。这不是摆在眼前的事实吗？假如吴国屈服于魏国，那江南之地就不再是大王的了。”

孙权沉思良久，缓缓地说：“你说得很对，还是吴蜀联合为妙！”于是，吴国拒绝了魏国的和谈要求，另派使臣到蜀国去商谈和约。

成语接龙

共为唇齿 → 齿亡舌存

关门打狗 ← 性命攸关 ← 存心养性

狗急跳墙 → 墙头马上 → 上蹿下跳

出神入化 ← 丑态百出 ← 跳梁小丑

化为乌有 → 有目共睹 → 睹物思人

看图猜成语

答案：承欢膝下

写一写

共为唇齿

共为唇齿

共为唇齿

共为唇齿

成语词典

共为唇齿

释义 比喻互相辅助。

近义词 唇齿相依

反义词 势不两立

造句 邻国之间共为唇齿，应本着互相尊重的原则，长期和平共处。

杀一儆百

汉代尹翁归担任东海太守时，经常考察郡内官民。凡有案件，他都亲自断案，做到赏罚分明。

每年秋冬时尹翁归总是召开课吏大会，会上召集群吏，考核政绩，发现贪官污吏即刻逮捕。他还经常巡行下县，考察地方行政，了解民情，如果发现为非作歹的土豪劣绅，就马上捉拿归案。对被捉拿的这些人，他并不是主观臆断，而是通过详细周密的调查，再判定罪行。判刑时，他会对照朝廷颁布的律令，最严重的会判处死刑。通过这种办法，既除掉了恶人，又警诫了其他官民，起到杀一儆百的作用，全郡上下都心服口服。

语出典籍

东汉·班固《汉书·尹翁归传》：“其有所取也，以一警百，吏民皆服，恐惧改行自新。”

东海郡郯（tán）县有个叫许仲孙的大土豪，为人奸诈狡猾，不守法度，扰乱治安，全县百姓深受其害。几任县令都因为他生性诡诈，善于勾结豪门势力，未能惩罚制裁他。尹翁归刚到郯县，一弄清情况就逮捕了许仲孙，并将其判处死刑。全县的官民因此都惧怕他。几年后，东海郡太平无事，人人安居乐业了。

成语接龙

杀一儆百 → 百无一能 → 能工巧匠 → 匠心独运 → 运斤成风 → 风调雨顺 → 顺手牵羊 → 羊肠小道 → 道听途说 → 说来话长 → 长治久安 → 安居乐业 → 业精于勤 → 勤学好问

看图猜成语

□□□□

答案：程门立雪

写一写

杀	一	儆	百
杀	一	儆	百
杀	一	儆	百
杀	一	儆	百

成语词典

杀一儆百

释义 处死一个人，借以警诫许多人。

近义词 惩前毖后　杀鸡儆猴　以儆效尤

反义词 宽大为怀　既往不咎

造句 这次对他的严厉惩罚，但愿能起到杀一儆百、以儆效尤的作用。

先礼后兵

语出典籍

明·罗贯中《三国演义》："刘备远来救援，先礼后兵，主公当用好言答之，以慢备心，然后进兵攻城，城可破也。"

东汉末年，曹操攻打徐州，徐州太守陶谦派人请求刘备出兵解围。刘备率领关羽、张飞和赵子龙，冲入曹军，杀出一条血路，进入徐州城内。陶谦将刘备请入府衙，取出徐州太守官印让给刘备，说："目下国事纷乱，朝纲不振，你是汉室宗亲，正该力扶社稷（jì），我已年老昏庸，情愿将徐州相让……"

二人推来推去，没有结果。府吏们相劝说："今日兵临城下，还是先商议退兵之计为好，让位之事可容日后再议。"

刘备答应说："我先给曹操写封信，劝他退兵，如果他不答应退兵，咱们再与他交战也不算晚，这叫作先礼后兵。"

曹操看完信，骂刘备说："刘备是什么人？胆敢来教训我！将送信的人给我斩首，全军上下马上攻城。"

曹操的谋士郭嘉劝谏说："不能这样呀，刘备远来救援，先礼后兵，这是很合乎礼节的。我们应该用好话去安抚他，松懈他们的斗志，然后再攻城，这样徐州城就可以顺利地拿下来。"

曹操于是盛情款待信使，又写了回信给刘备。

成语接龙

先礼后兵 → 兵无斗志 → 志在四方 → 方正贤良 → 良辰美景 → 景星庆云 → 云集响应 → 应运而生 → 生离死别 → 别开生面 → 面目全非 → 非分之想 → 想方设法 → 法力无边

看图猜成语

答案：抽刀断水

写一写

先	礼	后	兵
先	礼	后	兵
先	礼	后	兵
先	礼	后	兵

成语词典

先礼后兵

释义 指在和对方交涉时，先讲道理，如果行不通，再采取强硬手段。兵：武力，这里泛指强硬手段。

近义词 先斩后奏　先声夺人

反义词 不宣而战

造句 我军采取先礼后兵的策略，向敌军展开政策攻势。

先发制人

语出典籍

东汉·班固《汉书·项籍传》："先发制人，后发制于人。"

秦末，陈胜率先起义。会稽郡郡守殷通召项梁商量说："先生的才能远近闻名。对于起兵反秦，您有什么看法？"

项梁大声地说："现在大江两岸的人都起来反对暴秦统治，这表明秦朝气数已尽了。这时候，先动手可以控制别人，后动手会被别人控制。"

殷通说："听说你家世世代代都是楚国的将军，看来，起事只有靠你了！"

其实项梁对郡守的话是怀疑的，所以他走出门外小声地叮嘱侄儿项羽几句，又回来对郡守说："请您召见项羽。"

殷通刚叫到项羽的名字，就见门外进来一位高大粗壮的青年，手里拿着一把寒光逼人的长剑。殷通一边打量着，一边不住地称赞："这位勇士，真是将门虎子啊！"项羽走到他身边停住了。这时，项梁对项羽使了个眼色，项羽马上一剑杀了殷通。项梁和项羽提着殷通的头，带着官印绶（shòu）带，来到郡府，又杀了百来个大小官吏，其他人吓得趴在地上，不敢起身。

接着，项梁四处派人召集自己的旧友和相识的豪强、官员，告诉他们自己已杀掉了郡守，并说：“我们现在要组织吴中的军队攻打下属各县，建立自己的武装，对各县实施有效的统治，以割据吴中，争取主动。”

成语接龙

先发制人 → 人中骐骥

寄人篱下 ← 下落不明 ← 明日黄花

花移木接 → 接踵而至 → 至尊至贵

贵少贱老 ← 老不晓事 ← 事在人为

为人师表 → 表里如一 → 一见倾心

看图猜成语

答案：杵臼之交

写一写

先 发 制 人

先 发 制 人

先 发 制 人

先 发 制 人

成语词典

先发制人

释义 指战争中的双方，先发动进攻的处于主动地位，可以控制对方。后也泛指争取主动，先动手来制服对方。

近义词 先声夺人　先下手为强

反义词 后发制人

造句 我军先发制人，一下子占据了有利的制高点。

束手就擒

后晋石重贵即位后，契丹君主耶律德光率军大举南侵，少帝石重贵亲自北征，双方屡屡交战，互有胜败。

945 年 3 月，契丹十余万大军将后晋军队围困在阳城。后晋军的军需供应被切断，内外隔绝，生活发生困难，城中缺乏水源，开凿的井常常塌陷，士兵争着吮吸湿泥中的水解渴，晋军一片混乱。

后晋将军符彦卿有勇有谋，善于用兵。他看到后晋军犹如一只困兽，就向统帅张彦泽、皇甫遇建议道："与其大家在这儿束手就擒，不如拼死战斗，或许能杀出生路来。"

语出典籍

元·脱脱等《宋史·符彦卿传》："与其束手就擒，曷若死战，然未必死。"

张彦泽等人分析了天时、地利、人和等各方面的因素，一致赞同符彦卿的建议，决定出其不意，绕到契丹军的背后偷袭。

于是，后晋军悄悄转移到契丹军

的后方，利用顺风的机会，发起进攻，契丹军措手不及。被杀得狼狈逃窜。后晋军缴获契丹军丢弃的武器、甲胄（zhòu）、旗仗数万件之多，得胜而归。

成语接龙

束手就擒 → 擒龙捉虎 → 虎踞鲸吞 → 吞声饮气 → 气宇轩昂 → 昂首伸眉 → 眉眼高低 → 低声细语 → 语不惊人 → 人伦并处 → 处变不惊 → 惊天动地 → 地广人稀 → 稀世之宝

看图猜成语

答案：炊沙成饭

写一写

束	手	就	擒
束	手	就	擒
束	手	就	擒
束	手	就	擒

成语词典

束手就擒

释义 捆起手来任由人捉拿，形容因无法脱逃或无力反抗而甘愿被擒获。

近义词 束手无策　坐以待毙

反义词 垂死挣扎　负隅反抗

造句 歹徒在警察的追捕下走投无路，最终束手就擒。

远交近攻

语出典籍

西汉·刘向《战国策·秦策三》："王不如远交而近攻，得寸则王之寸，得尺亦王之尺也。"

战国时期，秦昭襄王有一次向丞相范雎讨教治国方略。

范雎说："今日论起天下各国的地位来，除了秦国之外，哪个国家能够号令诸侯，统一天下呢？大王虽说是一心想要统一天下，可是几十年来却没有大的成就，这就是因为秦国只知道一会儿跟这个诸侯订立盟约，一会儿跟那个诸侯打仗，根本没有一个一贯的政策。听说最近大王又上了武将们的一个大当，发兵去打齐国。"

秦王问："这有什么不对的地方？"

范雎说："齐国离秦国那么远，中间隔着韩国和魏国。要是出去兵马少了，或许会被齐国打败，让各国诸侯取笑；要是出去的兵马多了，国内也许会出乱子。就算一帆风顺地把齐国打败了，也不过叫韩国跟魏国现成捡利，大王又不能把齐国搬到秦国来。

当初魏国越过赵国把中山国打败了，没想到中山国后来反给赵国并吞了去，为什么呢？还不是因为中山国离赵国近，离魏国远吗？我替大王着想，最好是一面跟齐国、楚国交好，一面去打韩国和魏国。离着远的国家既然跟我们有了来往，就不会来管跟他们不相干的事情。把近的国家打下来，就能扩张秦国的地盘，打下了一寸土地就是一寸，打下了一尺土地就是一尺。把韩国跟魏国兼并了之后，齐国和楚国还站得住吗？这种像蚕吃桑叶似的由近而远的法子叫‘远交近攻’，是个顶妥当的方法。”

秦王当时就接受了他的计策，照着他的计策去做，把攻打齐国的兵马都撤回来了。从此，秦国就单把韩国和魏国当作进攻的目标了。

成语接龙

远交近攻 → 攻其不备

备尝辛苦 → 苦绷苦拽 → 拽巷逻街

街谈巷议 → 议论蜂起 → 起死回生

生不逢时 → 时来运转 → 转败为胜

胜友如云 → 云遮雾罩 → 照本宣科

看图猜成语

□□□□

答案：寸草不生

写一写

远 交 近 攻

远 交 近 攻

远 交 近 攻

远 交 近 攻

成语词典

远交近攻

释义 联络距离远的国家，进攻邻近的国家。这是战国时秦国采取的一种外交策略。后也指待人处世的一种手段。

近义词 纵横捭阖

反义词 近交远攻

造句 春秋战国时期，很多君主都采用远交近攻的策略，来扩张自己的领土。

围魏救赵

语出典籍

西汉·司马迁《史记·孙子吴起列传》。

孙膑（bìn）是鬼谷子门下的弟子。后来孙膑被其同窗庞涓（juān）陷害，刖（yuè）足刺面，由魏国逃到了齐国。魏惠王这时以庞涓为大将，图谋吞并赵国，举兵征赵。魏军围困邯郸。赵王求救于齐国。齐王即拜田忌为大将，孙膑为军师，兴师救赵。

孙膑献策说："我军驻兵于中道，扬言攻伐襄陵（魏国城邑，在今山西），魏军闻我军攻襄陵，必撤邯郸外围之兵而救之，我军追击魏兵，必可大胜。"

田忌用其计，果然庞涓闻齐兵进攻襄陵，即撤邯郸之围往救。谁知魏军走到桂陵就和齐军碰上了。前锋交战了几十回合，齐军诈败而走，庞涓急率兵匆匆追赶。约行三十里，见齐军摆出阵势，庞涓乘马观看，宛然是孙膑的阵法，心想：田忌如何懂得摆这个阵？难道孙膑已归齐国了吗？正狐疑间，齐军中显出大将"田"

的大旗，田忌全身披挂，手执画戟（jǐ），站立战车之上。

庞涓知道田忌并不懂阵法，便催马入阵。刚入阵中，只见八方旗色，纷纷转换，东冲西撞，铠甲如林，杀不出去。正在汗流浃（jiā）背之时，忽闻金鼓声响，四下呐喊，八方竖起了旌旗，俱是“军师孙”字样。

庞涓大惊道：“这个刖夫果在齐国，我中计了！”危急间，幸而偏将庞英、庞冲赶到，救出庞涓。可是冲入阵中的魏国兵将尽被杀绝。

当夜，庞涓就率军队撤退返回大梁。齐军未踏入赵国寸土，就把邯郸之围解了。

成语接龙

围魏救赵 → 照单全收 → 收离纠散 → 散闷消愁 → 愁眉苦脸 → 脸青鼻肿 → 踵趾相接 → 接踵而至 → 至高无上 → 上蹿下跳 → 跳梁小丑 → 丑类恶物 → 物换星移 → 移山填海

看图猜成语

答案：打草惊蛇

写一写

围	魏	救	赵
围	魏	救	赵
围	魏	救	赵
围	魏	救	赵

成语词典

围魏救赵

释义 指袭击敌人后方的据点来迫使进攻之敌撤退的战术。现借指用包抄敌人的后方来迫使他撤兵的战术。

近义词 声东击西　围城打援　调虎离山

反义词 围点打援

造句 只有善于运筹帷幄，才能决胜千里，以围魏救赵的计策打败敌人。

何足挂齿

语出典籍

西汉·司马迁《史记·刘敬叔孙通列传》：“此特群盗鼠窃狗盗耳，何足置之齿牙间。”

秦朝末年，陈胜、吴广揭竿而起，四方响应，很快攻下了蕲（qí）、陈等州县。秦二世闻报，召集叔孙通等三十多名博士入宫，问道：“陈胜作乱，你们有何良策？”

博士们说：“做臣民的不能聚众，聚众就是造反。造反者应该处死，望陛下赶快发兵征讨他们。”

秦二世听了勃然变色。叔孙通善于察言观色，上前说道：“陛下，臣认为他们说得不对，今天下一家，先帝已下令销毁了所有兵器，并下令不准再用。况且有贤明的君主制定了完备的法令，人人遵法守职，天下一片太平景象，哪里有人敢造反呢？臣认为陈胜之流，只是一群行窃的盗贼罢了，何足挂齿？只要下令州、郡的官员们缉（jī）捕他们，没有必要发兵去征伐！”

秦二世听了，高兴地说：“说得好！”后来，他让监察御史审查各人的话，凡是说聚众造反的，都交给官吏治罪；只有叔孙通受到嘉奖，赏赐了二十四帛（bó）和一件官袍，并升官一级。

叔孙通出宫后，被指责为阿谀（yú）奉承。叔孙通说："你们不知道，我几乎逃不出虎口！"

于是，叔孙通连夜逃走，回到家乡薛（xuē）地，投奔了项梁的起义军。后来，叔孙通又投奔汉王刘邦。刘邦建立西汉后，叔孙通为刘邦制定了朝廷的各种礼仪，被刘邦封为太常之职。

成语接龙

何足挂齿 → 齿如编贝

贝联珠贯 → 贯彻始终 → 终身大事

事出有因 → 因小失大 → 大材小用

用心良苦 → 苦大仇深 → 深更半夜

夜深人静 → 静中思动 → 动人心弦

看图猜成语

答案：调虎离山

写一写

何	足	挂	齿
何	足	挂	齿
何	足	挂	齿
何	足	挂	齿

成语词典

何足挂齿

释义 哪里值得一提，即不值得一提。挂齿：谈及，提及。

近义词 无足挂齿　微不足道　何足道哉

反义词 大书特书　津津乐道

造句 我只是帮了这么点小忙而已，区区小事何足挂齿。

坐山观虎斗

战国时期，有一年韩国与魏国打起仗来，打了很长时间，不分胜负。秦惠文王打算派兵讨伐，想听听大臣们的意见，可是众说纷纭，莫衷一是。大夫陈轸（zhěn）回到秦国，秦惠文王就请他帮助谋划。陈轸没有直接回答秦惠文王的问题，而是讲了一个故事：

“从前有个叫卞（biàn）庄子的人，看见两只老虎，就想举剑刺杀它们。旁边的人劝他说：‘你不必着急，你看两只老虎正在吃牛，一会儿把牛吃光了，它们必然会争夺，由争夺而引起搏斗，结果大虎受伤，小虎死亡。到那时，你再将那只受伤的大虎刺死，岂不是一举两得？’”

语出典籍

西汉·司马迁《史记·张仪列传》：“两虎方且食牛，食甘必争，斗则大者伤、小者死；从伤而刺之，一举必有双虎之名。”

秦惠文王恍然大悟，说：“你的意思是说，先让韩国和魏国打一阵子，等两败俱伤时，我再出兵讨伐，这样就可以一次打败他们两个国家，就与那卞庄子刺虎一样，坐山观虎斗，一举两得，是吧？”

陈轸点头，说：“正是这样！”

秦惠文王采纳了陈轸的意见，果然获得了胜利。

成语接龙

坐山观虎斗 → 斗鸡走狗

狗吠不惊 → 惊魂未定 → 定乱扶衰

衰当益壮 → 壮志凌云 → 云消雾散

散兵游勇 → 勇冠三军 → 军令如山

山重水复 → 复蹈前辙 → 辙乱旗靡

看图猜成语

答案：鳄鱼眼泪

写一写

坐	山	观	虎	斗
坐	山	观	虎	斗
坐	山	观	虎	斗
坐	山	观	虎	斗

成语词典

坐山观虎斗

释义 坐在山上看老虎相斗。比喻对双方的斗争采取旁观的态度，等到两败俱伤的时候，再从中取利。

近义词 坐观成败　作壁上观

反义词 拔刀相助

造句 同学之间发生争执时，我们要耐心劝解，决不能袖手旁观，坐山观虎斗。

兵不厌诈

语出典籍

《韩非子·难一》:"舅犯曰:'臣闻之:繁礼君子不厌忠信,战阵之间不厌诈伪。'"

东汉安帝时期,羌(qiāng)军大举围攻汉朝的武都郡,情势危急,邓太后任命虞诩(xǔ)为武都太守,率军抵抗。虞诩到达陈仓、崤谷一带时,被羌军所阻。虞诩考虑敌众我寡,于是命令部队停止前进,并扬言说已奏请朝廷增兵,等援军到后再挺进。羌人不知是计,放纵军队四处抢掠。这时,虞诩率部突然冲破羌军防线,日夜兼程,每天行军二百多里,并命令士兵第一天每人挖两个做饭的灶,以后逐日增加一倍。羌兵见汉军逐日增灶,以为汉军的兵力天天增加,因此不再出击。最终汉军全部进入武都郡。

将士们问道:"从前孙膑行军作战,每天减灶,而您却要增灶。兵法说每日行军三十里,前后照应,就可以保证安全。我们一天要走二百多里,这是为什么呢?"

虞诩说："羌兵人马众多，我军人少，如果行动迟缓就很容易被羌军赶上。只有迅速行动，才能不被敌人发现我们的行踪。孙膑减灶是为了佯装弱小；我们增灶是为了佯装强大，按照不同的情势，应采取不同的策略嘛。"

当时守卫武都的汉军不足三千人，而羌兵上万。两军对阵时，虞诩下令只用弱弓射，羌兵见汉军射箭无力，就大胆猛冲。虞诩等羌军迫近，命令改用强弓射击。羌兵伤亡惨重，急忙撤退。虞诩又令精兵埋伏在其退路上，于是羌军大败。

成语接龙

兵不厌诈 → 诈痴佯呆 → 呆若木鸡 → 鸡头鱼刺 → 刺股悬梁 → 梁上君子 → 子虚乌有 → 有眼无珠 → 珠光宝气 → 气冲斗牛 → 牛角挂书 → 书香门第 → 地久天长 → 长命百岁

看图猜成语

答案：鸡鸣狗盗

写一写

兵 不 厌 诈

兵 不 厌 诈

兵 不 厌 诈

兵 不 厌 诈

成语词典

兵不厌诈

释义 用兵打仗可以使用欺诈的办法迷惑敌人。

近义词 纵横捭阖　不宣而战

反义词 先礼后兵　堂堂正正

造句 诸葛亮七擒孟获，真是兵不厌诈，足智多谋。

奇货可居

语出典籍

西汉·司马迁《史记·吕不韦列传》："吕不韦贾邯郸，见而怜之，曰：'此奇货可居！'"

战国时代，秦国阳翟（dí）（今河南禹州）有个商人，叫作吕不韦，常常往来各国经商。当他到了赵国都城邯郸时，听说秦昭襄王的孙子子楚被派到赵国做人质，生活十分穷困。

吕不韦不禁自言自语："子楚像一宗稀奇货物，可囤（tún）居以伺高价卖出。"于是就去见子楚，表示要帮助他。

后来，两人合力去谄（chǎn）媚秦国的太子安国君及其宠妾华阳夫人。因华阳夫人无子，吕不韦便说服华阳夫人立子楚为嫡（dí）嗣，子楚的声名也因而光耀显赫。等到子楚立为秦庄襄王时，便以吕不韦为丞相，并封他为文信侯，食邑河南洛阳二万户。

成语接龙

奇货可居 → 居功自满

满面春风 → 风姿绰约 → 约定俗成

成一家言 → 言人人同 → 同声之应

应者云集 → 集思广益 → 议论风生

生事扰民 → 民脂民膏 → 膏粱年少

看图猜成语

答案：金蝉脱壳

写一写

奇	货	可	居
奇	货	可	居
奇	货	可	居
奇	货	可	居

成语词典

奇货可居

释义 把市面上稀少的货物囤积起来，等待高价出卖。后常用以比喻凭借某种技艺或把某种事物当作资本来博取名利地位或别的好处。

近义词 待价而沽　囤积居奇

反义词 宝货难售　牛溲马勃

造句 你不要以为自己有了点资本，就奇货可居，小心栽跟头。

内 容 提 要

这是一套给孩子看的彩绘版《典籍中的成语故事》，共有10册，每册一个主题，分别为爱国爱民篇、智慧谋略篇、远见卓识篇、人生百态篇、奇闻趣事篇、士林趣话篇、品格节操篇、巧言妙语篇、奋斗践行篇、说情解意篇。本书成语皆出自不同的典籍，以典籍中的故事来讲述成语；同时设置“成语接龙”“看图猜成语”“成语词典”等小板块，激发孩子对成语的学习兴趣，提高孩子的写作能力，让孩子开阔眼界，提高语言表达能力。

图书在版编目（CIP）数据

典籍中的成语故事．远见卓识篇 / 新新世纪编著．-- 北京 ：航空工业出版社，2022.6
ISBN 978-7-5165-3057-3

Ⅰ．①典… Ⅱ．①新… Ⅲ．①汉语－成语－故事－少儿读物 Ⅳ．①H136.31-49

中国版本图书馆CIP数据核字（2022）第086400号

典籍中的成语故事·远见卓识篇
Dianjizhongde Chengyugushi · Yuanjianzhuoshi Pian

航空工业出版社出版发行
（北京市朝阳区京顺路5号曙光大厦C座四层 100028）
发行部电话：010-85672688 010-85672689

三河市双升印务有限公司印刷　　全国各地新华书店经售
2022年6月第1版　　2022年6月第1次印刷
开本：710×1000 1/16　　字数：16千字
印张：4.5　　定价：188.00元(全10册)

咪奇熊®
MIQIXIONG

典籍中的成语故事

人生百态篇

新新世纪◎编著

航空工业出版社
北京

前言

在浩如烟海的典籍中，成语作为中华语言的精华、文明的积淀、历史的浓缩、智慧的结晶，成为传承中华文明的重要载体。时至今日，仍有大量的成语在被广泛使用，散发着永恒的魅力。

同时，成语也是小学生语文的必修内容。在作文写作中，恰当地运用成语，可以使文章熠熠生辉；在口头表达中，则可以使你的语言更富有感染力。因此，熟练掌握和运用成语，不仅能达到言简意赅的效果，同时也是衡量一个人文字功底、文化素养以及语言表述能力的重要标尺。

本套书将成语按主题分为10册，收录了170则成语和与之一一对应的成语故事。书中除了讲述故事，还有成语的出处、释义、近义词、反义词、造句示例，让小读者既明其义、会使用，又知其源，了解其中所蕴含的丰富文化意义；同时还设置了小朋友喜欢的成语接龙和看图猜成语板块。在游戏中记住成语何乐而不为？文中配有近500幅精美插图，使故事生动活泼，引人入胜。

现在，就让我们翻开本书，一起走进成语故事的世界，去品味中华语言文化的博大精深和妙趣横生吧！

目录

一字千金

秦王嬴政即位后，相国吕不韦当政。战国时期，魏国信陵君、楚国春申君、赵国平原君和齐国孟尝君四大公子家里都有门客无数，声名远播天下。吕不韦也想效仿四大公子获得好的名声，便花钱招募了三千个门客，给他们很高的待遇，让他们各显才学，并把知道的各种事都写出来。

当时天下已经统一，门客无须替主人跑东到西，游说四方，更不需要为战争疲于奔命，所以他们可以安心地写作，没过多少时间，就各自把所知道的事及研究心得都写了出来。这样就集成了一部二十余万字的巨著，分八览、六论、十二纪。因是吕不韦的门客所写，所以题名为《吕氏春秋》。

语出典籍

西汉·司马迁《史记·吕不韦列传》："布咸阳市门，悬千金其上，延诸侯游士宾客有能增损一字者予千金。"

《吕氏春秋》内容涉及天地万物，上下古今，确是一部巨著。为此，吕不韦很得意。他命人把书的原稿运到国都咸阳公开展览，宣布道："有谁能指出上面的错误，删去一字或添加一字，立赏千金！"

可是，吕不韦的官做得那么大，谁敢评论他组织编著的书呢？于是，便留下了"一字千金"的故事。

成语接龙

一字千金 → 金童玉女 → 女扮男装 → 装潢门面 → 面如凝脂 → 只言片语 → 语无伦次 → 刺心切骨 → 骨肉相残 → 残暴不仁 → 仁者必寿 → 寿满天年 → 年尽岁除 → 除患兴利

看图猜成语

答案：废寝忘食

写一写

一 字 千 金

一 字 千 金

一 字 千 金

一 字 千 金

成语词典

一字千金

释义 增损一字，赏予千金。称赞文辞精妙，不可更改。

近义词 字字珠玑　一字连城

反义词 一文不值

造句 这篇文章写得极好，可以说是一字千金。

一饭之报

语出典籍

春秋·左丘明《左传·宣公二年》。

鲁宣公二年（公元前607年），宣子在首阳山（今山西永济市东南）打猎，住在翳（yì）桑。他看见一人非常饥饿，就去询问他的情况。那人说："我已经三天没吃东西了。"

宣子就将食物送给他吃，可那人吃了一半，却留下一半。宣子问他为什么，他说："我离家已三年了，不知道家中老母是否还活着。现在离家很近，请让我把留下的食物送给她。"

宣子让他把食物吃完，另外又为他准备了一筐饭和肉。

这个人叫灵辄（zhé），

后来做了晋灵公的武士。一次，晋灵公想杀宣子，灵辄在搏杀中反过来抵挡晋灵公的手下，使宣子得以脱险。宣子问他为何这样做，他回答说："我就是在翳桑的那个饿汉。"宣子再问他的姓名和居所时，他不告而退。

成语接龙

一饭之报 → 报仇雪恨

恨之入骨 → 骨肉相残 → 残年暮景

景从云集 → 集腋为裘 → 裘弊金尽

尽心图报 → 报仇雪耻 → 耻言人过

过河拆桥 → 乔迁之喜 → 喜上眉梢

看图猜成语

答案：割席断义

写一写

一 饭 之 报

一 饭 之 报

一 饭 之 报

一 饭 之 报

成语词典

一饭之报

释义 一餐饭的恩德。指小恩。

近义词 一饭之恩

反义词 忘恩负义

造句 韩信被封为楚王后，仍不忘漂母的一饭之报，遂以千金酬谢她。

三缄其口

孔子崇尚周礼，曾专程到周王朝考察文物礼仪。在参观周王的祖庙时，他看到庙堂大殿右边的台阶前有一个铜人。铜人的嘴上封了三道封条，铜人的背上还刻着字，写道：“这是古时候说话最小心谨慎的人。”

孔子从中受到了极大的震动和启发，所以他在教导弟子时，总是强调“君子讷（nè）于言而敏于行”。后来人们便以“三缄（jiān）其口”比喻“慎言”了。

语出典籍

西汉·刘向《说苑·敬慎》:"孔子之周,观于太庙,右阶之前。有金人焉。三缄其口,而铭其背曰:'古之慎言人也。戒之哉!戒之哉!无多言,多言多败。'"

成语接龙

三缄其口 → 口口声声 → 声东击西 → 西方净国 → 国困民穷 → 穷途落魄 → 魄消魂散 → 散马休牛 → 牛鬼蛇神 → 神采奕奕 → 意气风发 → 发扬光大 → 大快人心 → 心灵手巧

看图猜成语

答案：汗牛充栋

写一写

三	缄	其	口
三	缄	其	口
三	缄	其	口
三	缄	其	口

成语词典

三缄其口

释义 形容说话十分谨慎，不肯或不敢开口。

近义词 守口如瓶　默不作声　缄口不言

反义词 信口雌黄　口若悬河　信口开河

造句 对自己的过往，他总是三缄其口，不愿多谈。

亡戟得矛

语出典籍

《吕氏春秋·离俗》：“亡戟得矛，可以归乎？”

齐国和晋国有一年发生了战争，双方打得很激烈。在混战之中，有一名齐兵丢掉了自己的武器——戟。但离他不远的地方，正好有一支矛，那是晋兵丢下的。于是，他急忙捡起来，准备继续交战，心里却害怕起来：这样做，长官不会处罚我吗？因为按齐军军法规定，战场上丢失兵器要受到处罚。

小卒一时没有了主意，忙问道上的行人。行人说：戟是兵器，矛也是兵器，一件换一件，有啥不行的？”

这时，防守高唐地区的齐国大夫骑马奔过来。小卒忙跑到马前，问道：“大人，我在战场上丢了戟，捡到矛，可以平安归队吗？”

大夫训斥道：“你这个笨蛋，戟不是矛，矛也不是戟。即便你丢了戟，得了矛，这也是抵偿不了的。”

小卒害怕受到长官的处罚，回身又冲进敌阵，直到战死。

成语接龙

亡戟得矛 → 矛盾重重

重生父母 → 母仪天下 → 下情上达

达官知命 → 命中注定 → 定倾扶危

危在旦夕 → 夕寐宵兴 → 兴风作浪

浪迹天涯 → 睚眦必报 → 报仇雪恨

看图猜成语

答案：鸡飞蛋打

写一写

亡	戟	得	矛
亡	戟	得	矛
亡	戟	得	矛
亡	戟	得	矛

成语词典

亡戟得矛

释义 比喻得到的和失去的相当，或有失有得。

近义词 有得有失

反义词 得不偿失

造句 小明尺子丢了，却找到了原来找不到的铅笔，也算是亡戟得矛。

未可厚非

在西汉与东汉之间，有一个短命王朝——新朝。新朝皇帝王莽推行过一些改革措施，如禁止土地买卖、废除蓄奴制等。他也做过几件笼络人心的事，如称帝前在灾年捐款、捐地以救济灾民，责令儿子自杀为一个奴婢抵命，等等。

王莽即位后第二年，下令把汉室的诸侯王一律贬为平民，派使者分别去收回他们的王印；又派许多将军分头到匈奴、西域、西南各部族去将其王印换成侯印。汉家的诸侯早已失势，都乖乖交出了原来的王印，而那些少数民族的首领就没那么听话了。句（qú）町（tǐng）（古王国，今云南、广西一带）王首先不服从，说："汉武帝封我们为王，新朝却把我们降为侯，这太瞧不起人了。"于是，他杀了使者，还经常派兵在边界骚扰。

语出典籍

东汉·班固《汉书·王莽传中》："莽怒，免英官。后颇觉寤，曰：'英亦未可厚非。'"

王莽派廉丹和史熊去攻打句町。这两人是酷吏，他们强征民夫，加重捐税，备粮备战，弄得当地民不聊生，纷纷起来造反。有个名叫冯英的太守因此向王莽上书，劝他与其这样劳民伤财、纵容酷吏，不如罢兵屯田，分化句町部落，悬赏招降他们。

王莽阅后大怒，罢了冯英的官职。过了不久，他觉得冯英的建议也不是没有道理，对别人说："看来，对冯英也未可厚非。"于是重新任命冯英为长沙太守。

成语接龙

未可厚非 → 非同寻常 → 长年累月 → 月白风清 → 清廉正直 → 直言不讳 → 讳莫如深 → 深恶痛绝 → 绝世无双 → 双喜临门 → 门庭若市 → 市不二价 → 价值连城 → 城门失火

看图猜成语

答案：开门见山

写一写

未	可	厚	非
未	可	厚	非
未	可	厚	非
未	可	厚	非

成语词典

未可厚非

释义 说话做事虽然有缺点，但还有可取之处，应予以谅解。

近义词 情有可原　无可厚非　无可非议

反义词 一无是处

造句 他已经尽了最大努力，尽管还有些问题，但也未可厚非了。

打草惊蛇

语出典籍

宋·郑文宝《南唐近事·王鲁为当涂宰》："王鲁为当涂宰，颇以资产为务，会部民连状诉主簿贪贿于县尹。鲁乃判曰：'汝虽打草，吾已蛇惊。'"

南唐时期，有个叫王鲁的人是涂县的县令。在任时，他大肆搜刮民财，贪赃枉法。县衙里的官吏看见县令这样做，也学他的样子，对百姓敲诈勒索，作恶多端。

一天，百姓联名写了一份状子，控告县衙主簿营私舞弊、贪赃受贿。状子递到县令王鲁手上。王鲁一看，吓得浑身打战。因为状子上写的虽然是主簿的罪状，但那些违法事件几乎都与他有关，他预感到大祸临头。

王鲁一边翻看案卷，一边琢磨对策。如果受理此案，再往深查，那他自己便暴露无遗了，但又不能置之不理，否则，百姓还要上告。于是，他提笔在案卷上批了八个字："汝虽打草，吾已蛇惊。"

意思是说：你们虽然告发的是我的属下主簿，可是我已经感到事态的严重了，就像打草时候惊动了草里边的蛇一样。

成语接龙

打草惊蛇 → 蛇鼠横行 → 行浊言清 → 清心寡欲 → 欲罢不能 → 能说会道 → 道听途说 → 说来话长 → 长治久安 → 安之若素 → 素昧平生 → 生龙活虎 → 虎口拔牙 → 牙白口清

看图猜成语

答案：开天辟地

写一写

打草惊蛇

打草惊蛇

打草惊蛇

打草惊蛇

成语词典

打草惊蛇

释义 打的是草，却惊动了藏在草丛里的蛇。比喻做事不严密，致使对方有了警觉和防范。

近义词 操之过急　因小失大

反义词 欲擒故纵　引蛇出洞

造句 这次行动千万要保密，不能打草惊蛇。

目不识丁

语出典籍

后晋·刘昫《旧唐书·张弘靖传》："今天下无事，汝辈挽得两石力弓，不如识一丁字。"

唐宪宗时期，张弘靖任幽州节度使。张弘靖到幽州时，因为安史之乱发自幽州，他想在上任之初完全变革当地风俗，便掘开安禄山坟墓，毁掉棺柩（jiù），因此当地人对他很是不满。

韦雍（yōng）和张宗厚是张弘靖手下的两个官吏，他俩常常聚集一伙人去喝酒，一直喝到半夜，喝得酩酊大醉，还叫士兵点燃灯笼、火把送他们回家，搞得满街通亮、闹闹嚷嚷，令百姓十分反感。他俩平日里对军吏非常苛刻，稍不如意就用鞭子抽打，所以军士们对他俩怀恨在心。

此外，韦雍和张宗厚时常责骂士兵，大多以“反贼”来称呼他们。二人曾说：“现在天下太平无事，你们目不识丁，只能挽开两石重弓，有什么用处？”听了他的话，连士兵也忌恨他俩。

前任幽州节度使回到朝廷以后，派人送来一百万贯钱犒赏军士，张弘靖却从中截留下二十万贯充作军府杂用开销，只拿八十万贯钱分给军士。这件事引起众怒，加上他们本来就想报复韦雍、张宗厚，所以一呼而起，杀了韦雍和张宗厚，把张弘靖抓起来囚禁在蓟（jì）门馆。

不久，张弘靖因为这件事受到朝廷的处分，被贬到抚州做刺史。

成语接龙

目不识丁 → 丁公凿井 → 井井有条 → 条分缕析 → 析言破律

绿水青山 → 山清水秀 → 秀外慧中 → 中原逐鹿 → 鹿死谁手 → 手足无措

措手不及 → 及时行乐 → 乐不思蜀

看图猜成语

答案：刻舟求剑

写一写

目	不	识	丁
目	不	识	丁
目	不	识	丁
目	不	识	丁

成语词典

目不识丁

释义 连最普通的“丁”字也不认识。形容一个字也不认得。

近义词 一无所知　一丁不识　胸无点墨

反义词 学富五车　博览群书　满腹经纶

造句 经过两年的学习，原来目不识丁的他已经可以看书了。

白首同归

语出典籍

西晋·潘岳《金谷集作诗》："春荣谁不慕，岁寒良独希。投分寄石友，白首同所归。"

晋代有一个大富豪叫石崇，他的爱妾绿珠貌美且擅长吹笛。有权有势的中书令孙秀想霸占绿珠，就派人去强行索要。石崇勃然大怒："绿珠是我最喜欢的人，谁要也不给！"使者回报后，孙秀大怒，决心报复石崇。

后来，孙秀假传诏书去逮捕石崇。当抓人的军士到了石崇的别墅（shù）金谷园时，石崇正在楼上与绿珠饮酒，他对绿珠说："我现在因为你而获罪。"

绿珠流泪泣道："您因为我而获罪，我应当死在您面前，表达我的愧意。"说罢跳楼自尽。

石崇有个朋友叫潘岳（字安仁），年轻时曾用鞭子打过孙秀，孙秀一直怀恨在心。孙秀当了中书令后，就陷害潘岳。于是，潘岳与石崇同一天被捕，也同一天被处死。

石崇先被押到刑场，他并不知潘岳也被捕了。潘岳被押到刑场时，石崇问：“安仁，你怎么也落到这个地步呢？”

潘岳说：“这就是白首同所归。”

“投分寄石友，白首同所归”是之前潘岳赠给石崇的诗句，谁知竟不幸言中。

成语接龙

白首同归 → 归邪返正

语焉不详 ← 私言切语 ← 正直无私

详星拜斗 → 斗志昂扬 → 扬眉吐气

胸有成竹 ← 昂首挺胸 ← 气宇轩昂

竹马之交 → 交口称赞 → 赞不绝口

看图猜成语

答案：孔融让梨

写一写

白	首	同	归
白	首	同	归
白	首	同	归
白	首	同	归

成语词典

白首同归

释义 一直到头发白了，志趣依然相投。形容友谊长久，始终不渝。后用以表示老人同时去世。归：归向、归宿。

近义词 白头偕老　长相厮守　百年之好

反义词 分道扬镳　各奔前程

造句 他们一见如故，后来成了一对白首同归的朋友。

市道之交

语出典籍

西汉·司马迁《史记·廉颇蔺相如列传》：客曰："吁！君何见之晚也。夫天下以市道交。君有势，我则从君。君无势，则去。此固其理也，有何怨乎！"

赵国名将廉颇，骁勇善战，屡建功勋，被赵王封为上卿。一次，秦国发兵攻打赵国，双方兵马在长平交战，廉颇领兵据守长平，坚壁不战。秦国为了诱使赵国出兵交战，便派人到赵国宣扬："秦兵不怕廉颇，就怕赵括。"赵王中计，竟派赵括担任将军，把廉颇撤下来了。廉颇因为丢掉了大将军的官职，过去的同僚、部下和亲朋好友也都离他远远的。

赵括不会打仗，仅四十天就损失兵卒四十五万，自己也被乱箭射死。赵国虽然得到楚国、魏国的救援，一时得以解围，但国力衰弱，很难抵抗强敌。燕国又趁机来攻打赵国，赵王重新起用廉颇，命廉颇为大将军抵抗燕兵。结果廉颇大胜，赵王封他为信平君，地位与相国不相上下。

廉颇的名声又显赫起来，从前断绝来往的亲朋故旧又登门拜访了。廉颇冷冷地对拜访者说："现在看我又有用处了，都来奉承我，先前我遭冷落的时候你们都干什么去了？"

拜访者不感到羞耻，反而满脸堆笑地说："老将军呀，天下的人不都是市道之交吗？您有势力我们就跟从您，您没势力我们就离去，这是常理嘛，您别怨恨我们啊！"

"什么常理？全是势利眼！"廉颇气愤地把他们都赶了出去。

成语接龙

市道之交 → 交浅言深

头头是道 ← 计上心头 ← 深思长计

道路以目 → 目光如电 → 电光火石

烂醉如泥 ← 海枯石烂 ← 石沉大海

泥牛入海 → 海阔天空 → 空口白牙

看图猜成语

答案：口蜜腹剑

写一写

市	道	之	交
市	道	之	交
市	道	之	交
市	道	之	交

成语词典

市道之交

释义 指人与人只有利益的关系。比喻重利而忘义的交往。

近义词 势力之交

反义词 君子之交

造句 我们不要结交市道之交的朋友。

死灰复燃

语出典籍

西汉·司马迁《史记·韩长孺列传》:“安国坐法抵罪，蒙狱吏田甲辱安国。安国曰:‘死灰独不复然乎?’”

韩安国是一位足智多谋、豁达宽厚的能臣，很得汉景帝的赏识。

他年轻时，因为一件案子的牵连被关进蒙县的监狱。狱里有一个看守官叫田甲，对待韩安国的态度很蛮横。有一回，韩安国气极了，便与田甲吵起来:“你不要以为我这一辈子就再也没出头的日子了，就不能死灰复燃吗?”

田甲嘲弄地说:“没听说过死灰还能冒火的。要是真的冒出火苗来，我就撒泡尿浇灭它!”

事情真巧，韩安国没过几天就被释放了，而且又当上了官，官位比从前还高。田甲听到这个消息，吓得赶忙逃跑了。

韩安国吩咐家人说:“你去给田甲家里送个信儿，如果田甲不来见我，他全家人的性命就保不住!”

几天之后，田甲战战兢兢地来向韩安国请罪。韩安国笑道："哈哈，田看守，怎么样呀，今天死灰真的复燃了，你来撒泡尿浇浇吧！"

田甲吓得面如土色，连连求饶。韩安国并没有惩罚田甲，找他来不过是开一个玩笑，借此教训他一顿罢了。

成语接龙

死灰复燃 → 燃眉之急

急中生智 → 智勇双全 → 全心全意

意乱情迷 → 迷不知归 → 归心似箭

箭在弦上 → 上下交困 → 困兽犹斗

斗志昂扬 → 扬眉吐气 → 气急败坏

看图猜成语

答案：夸父逐日

写一写

死	灰	复	燃
死	灰	复	燃
死	灰	复	燃
死	灰	复	燃

成语词典

死灰复燃

释义 冷灰重新烧了起来。比喻失势的人重新得势，或者比喻已经停止活动的事物重新活动起来。

近义词 重振旗鼓　东山再起　卷土重来

反义词 一蹶不振　灰飞烟灭

造句 我们要坚决刹住班里的不良风气，不能让它死灰复燃。

光彩夺目

语出典籍

西晋·崔豹《古今注》：“华似木槿，而光色夺目。”

西晋时期，石崇任荆州刺史。在任上，他纵容官兵劫掠客商，夺取财宝，成了西晋有名的大富豪。当时，后军将军王恺是晋武帝司马炎的舅舅，也是个大富豪。

石崇和王恺都要争做第一富豪。于是，两人都竭力用华丽贵重的东西来装饰自己的车辆和衣冠。

有一次，晋武帝把一株二尺多高的珊瑚树赐给了王恺。王恺得意极了，故意把这棵珊瑚树拿给石崇看，并不断地夸耀。石崇只是微微一笑，拿起一柄铁如意，猛地一击就把那棵珊瑚树打得粉碎。

王恺认为这是石崇妒忌自己有这件稀世之宝才故意毁掉珊瑚的，于是声色俱厉地嚷道：“你这是干什么？这宝物是皇上所赐，看你如何赔偿！”

石崇不以为然地说："这样的珊瑚有什么稀罕。我马上赔你一株更好的就是。"说完，他命仆人搬出许多珊瑚树，有高三尺的，有高四尺的，枝条、树干无与伦比，光彩夺目的就有六七株，跟敲碎的那株差不多的就更多了。

王恺看后，怅然若失，什么话也说不出来。

成语接龙

光彩夺目 → 目成心许 → 许由洗耳 → 耳不忍闻 → 闻风而动 → 动荡不安 → 安安稳稳 → 稳步前进 → 进退无门 → 门当户对 → 对簿公堂 → 堂皇正大 → 大智若愚 → 愚者千虑

看图猜成语

答案：烂醉如泥

写一写

光	彩	夺	目
光	彩	夺	目
光	彩	夺	目
光	彩	夺	目

成语词典

光彩夺目

释义 形容鲜艳耀眼，也用来形容某些艺术作品和艺术形象的极高成就。

近义词 光彩耀目

反义词 黯然无光　黯然失色

造句 展览馆里展出的艺术品光彩夺目，吸引了一大批游客驻足观赏。

如坐针毡

语出典籍

唐·房玄龄等《晋书·杜锡传》："累迁太子中舍人。性亮直忠烈，屡谏愍怀太子，言辞恳切，太子患之。后置针著锡常所坐处毡中，刺之流血。"

晋朝时期，杜预的儿子杜锡被朝廷召去做文学侍从，经过几次升迁，最后做了太子舍人（掌管宫中一切事务的官员），为愍（mǐn）怀太子服务。

愍怀太子是个不肯上进的人，行为乖张，做事不合情理。杜锡对太子的这种作风很不满意，便时常劝告太子，希望他能改进，但愍怀太子却觉得他多事，很不高兴，便派人悄悄地在杜锡平日坐的毡（zhān）中插上针。杜锡不知实情，坐下时被刺得流出血来。

过了几天，愍怀太子问杜锡说："前几天你都做了些什么？"

杜锡说："我喝醉了酒，什么事都不知道。"

太子一定要问到底，杜锡被问得狼狈不堪，哭笑不得。

后人根据这个故事提炼成"如坐针毡"这一成语。

成语接龙

如坐针毡 → 沾沾自喜 → 喜怒无常 → 长年累月 → 月明风清 → 清正廉明 → 明知故问 → 问牛知马 → 马到成功 → 功败垂成 → 成千上万 → 万众一心 → 心口如一 → 一步登天

看图猜成语

答案：狼吞虎咽

写一写

如坐针毡

如坐针毡

如坐针毡

如坐针毡

成语词典

如坐针毡

释义 像坐在插着针的毡子上。形容心神不定，坐立不安。

近义词 心慌意乱　芒刺在背　坐卧不安

反义词 泰然自若　从容不迫　处之泰然

造句 一听说要考试，小明如坐针毡，紧张得手心直冒汗。

投鼠忌器

语出典籍

西汉·贾谊《陈政事疏》："里谚曰：'欲投鼠而忌器。'此善谕也。鼠近于器，尚惮不投，恐伤其器，况于贵臣之近主乎！"

古时候有个富人，很喜欢古董，也收藏了很多古董。其中有一件非常稀有的古董叫玉盂（yú），深受富人喜爱。有天晚上，一只老鼠跳进了这个玉盂，想去吃里边的剩菜，正巧被这个富人的夫人看到了，她非常恼火，盛怒之下，便拿了块石头砸向老鼠。老鼠是被砸死了，可那个珍贵的玉盂也被打破了。富人非常难过，他责怪夫人的行为太过鲁莽。

这个故事被汉代的贾谊引用在奏章《陈政事疏》中，他建议皇帝对待王侯大臣犯罪，不要像对待老百姓一样，动不动就割鼻、割脚趾、往脸上刺字，要有等级差别，这样才能维护皇帝的尊严。这就好比打老鼠，如果老鼠离器皿太近，打了老鼠却伤到器皿，是不是有点儿不划算呢？打老鼠尚且要顾忌旁边的器皿，更何况是处罚臣子呢？

贾谊的这番言论深得汉文帝的认可，从那以后，凡大臣有罪，皆自杀而不受刑。

成语接龙

投鼠忌器 → 气焰熏天 → 天光云影 → 影迹无端 → 端本澄源 → 源泉万斛 → 湖海飘零 → 零零星星 → 星移斗转 → 转败为胜 → 胜人一筹 → 愁绪如麻 → 麻木不仁 → 仁至义尽

看图猜成语

答案：老马识途

写一写

投鼠忌器

投鼠忌器

投鼠忌器

投鼠忌器

成语词典

投鼠忌器

释义 要打老鼠又怕打坏了它旁边的器物。比喻做事有所顾忌，不便于放手去干。

近义词 畏首畏尾　瞻前顾后　犹豫不决

反义词 无所畏惧　肆无忌惮

造句 歹徒抓着人质当盾牌，使得警察投鼠忌器，不敢轻易开枪。

怀璧其罪

语出典籍

春秋·左丘明《左传·桓公十年》："匹夫无罪，怀璧其罪。"

春秋时期有一个叫虞的诸侯国，虞国国君虞公有一个弟弟，时人称他为虞叔。虞叔偶然间得到了一块宝玉，虞公听说了，就想据为已有，于是对虞叔说："听说你有一块美玉，不如献给我吧。"

因为虞叔很喜欢这块宝玉，所以当场就拒绝了虞公的要求。

回去之后，虞叔越想越后悔，说："周这个地方有句谚语说：'一个人本来没有罪，却因为拥有宝玉而获罪。'"于是就主动地把宝玉献给了虞公。

可是没过多久，虞公又来索要虞叔的宝剑，虞叔心想："国君如此贪得无厌，将会给我带来杀身之祸。"于是手握兵权的虞叔就发起了兵变，无任何防备的虞公一时慌了神，急忙逃到了一个叫共池的地方。

成语接龙

怀璧其罪 → 罪恶贯盈 → 盈车之鱼 → 鱼与熊掌 → 掌上观纹 → 纹风不动 → 动荡不安 → 安闲自在 → 在所不惜 → 惜指失掌 → 掌上明珠 → 珠璧交辉 → 辉煌夺目 → 目瞪口呆

看图猜成语

答案：乐不思蜀

写一写

怀	壁	其	罪
怀	壁	其	罪
怀	壁	其	罪
怀	壁	其	罪

成语词典

怀壁其罪

释义 因身藏宝玉而获罪。原指钱财能招来祸患。后也比喻因有才能而遭到别人嫉害。

近义词 怀壁之罪　象齿焚身　匹夫怀壁

反义词 任贤使能

造句 他满腹经纶，才华横溢，怎奈怀壁其罪，始终得不到重用。

直言贾祸

春秋时期，晋国有个大臣名叫伯宗。他为人正派耿直，憎恨邪恶，敢讲敢说，不怕得罪权势。

伯宗的妻子深知丈夫的为人和性情，担心他得罪坏人会遭到陷害。每当伯宗入朝的时候，她总是劝诫他说：“你在朝廷里讲话可要小心谨慎点，你喜欢说直话，容易招灾惹祸。”

晋国国君晋厉公是个昏庸暴虐的人，喜欢溜须拍马之徒。他特别重用郤（xì）锜（qí）、郤至、郤犨（chōu）这三个奸臣，人们敢怒而不敢言。

伯宗看到三郤权势渐大，横行霸道，国家日趋衰败，心里非常忧虑。他多次劝谏晋厉公要疏远坏人，削弱三郤权势。三郤对伯宗恨得咬牙切齿，于是他们无中生有，千方百计地诬陷伯宗。昏庸无能的晋厉公听信三郤的谗言，最终

语出典籍

春秋·左丘明《左传·成公十五年》：“子好直言，必及于难。”

把伯宗处死。伯宗的儿子伯州犁见势不妙，慌忙逃往楚国，这才幸免于难。

成语接龙

直言贾祸 → 祸起萧墙

墙风壁耳 → 耳闻目睹 → 睹物思人

人心如面 → 面黄肌瘦 → 瘦骨嶙峋

寻死觅活 → 活灵活现 → 现身说法

法不责众 → 众志成城 → 城下之盟

看图猜成语

答案：力能扛鼎

写一写

直	言	贾	祸
直	言	贾	祸
直	言	贾	祸
直	言	贾	祸

成语词典

直言贾祸

释义 指说话坦率的人会惹祸。直：坦率、直爽。贾：买，引申为招致。

近义词 直言取祸　言多必失

反义词 缄口不言　明哲保身

造句 他因直言贾祸，被免去了总经理的职务。

苛政猛于虎

孔子带领学生游学，经过泰山山脚下时，听到远处传来一位妇女的哭声。那哭声撕心裂肺，十分悲戚。孔子一行循声而去，看见一位身穿缟（gǎo）素的中年妇女坐在一座坟墓旁，正捶胸顿足，号啕（táo）痛哭。孔子倾听了一会儿，派子路去问那个妇女为什么这样。

子路赶紧跑过去，对妇人说：“你这样哭泣，好像心中有重重的忧伤愁苦。”

语出典籍

《礼记·檀弓下》：“而曰：‘然，昔者吾舅死于虎，吾夫又死焉，今吾子又死焉。’夫子曰：‘何为不去也？’曰：‘无苛政。’夫子曰：‘小子识之：苛政猛于虎也！’”

妇人唏（xī）嘘（xū）几声，说道：“的确是这样，先是我的公公被老虎吃了，后来我的丈夫又被老虎吃了，现在我的儿子也被老虎吃了。”

孔子同情地说：“这里老虎这么多，你为什么不离开这里呢？”

妇人似乎更加悲伤，泪流满面地回答说："可是，这里没有残暴的政令啊！"

孔子听了这话，连忙转过头，对学生们说："你们年轻人记住这一点：苛政猛于虎啊！"

成语接龙

苛政猛于虎 → 虎豹豺狼 → 狼贪虎视 → 视如粪土 → 土鸡瓦狗 → 狗党狐朋 → 朋党执虎 → 虎口残生 → 生机盎然 → 然然可可 → 可喜可贺 → 赫然有声 → 声东击西 → 西学东渐

看图猜成语

答案：立木为信

写一写

苛	政	猛	于	虎
苛	政	猛	于	虎
苛	政	猛	于	虎
苛	政	猛	于	虎

成语词典

苛政猛于虎

释义 繁苛的政令和赋税比老虎还要凶暴可怕。

近义词 苛政猛虎

反义词 轻徭薄赋

造句 在封建社会中，苛政猛于虎，沉重的赋税使老百姓苦不堪言。

狐奔鼠窜

北魏太武帝拓跋焘（tāo）当政时，南朝宋文帝正当政。拓跋焘残忍好战，屡次领兵侵犯南朝宋的边境，使边境百姓饱受战争之苦。此外，边界两边的盗贼也趁着战乱流窜到对方境内，烧杀抢掠，无恶不作，使边境百姓的生活雪上加霜，苦不堪言。

北魏与南朝宋的豫州刺史互通书信，相互指责对方不剿（jiǎo）土匪，致使匪祸蔓延。北魏刺史若库辰树兰的信中说：宋国的地方官对土匪不加防御，使人终年不得安宁。希望除使节外，“人迹不能超越国境，边境之民，烟火相望，鸡犬之声相闻，而老死不相往来”。

语出典籍

南朝梁·沈约《宋书·索虏传》：“或有狐奔鼠窜，逃首北境，而辄便苞纳，待之若旧，资其粮仗，纵为寇贼。”

南朝宋刺史刘铄（shuò）写信答复说：由于南朝诛讨盗匪，使他们在边境以南无法立足，狐奔鼠窜，逃到北方。而北魏对待他们竟像归来的旧部下，资助给他们粮食器械，使土匪更加猖獗（jué），连无辜的老人和小孩子都无法幸免。希望魏国信守睦邻的誓约。

信都写得很动听、在理，实际上双方都在推诿（wěi）责任，而边境上的盗匪却一天比一天更猖狂。

成语接龙

狐奔鼠窜 → 窜端匿迹

计日而俟 → 四海为家 → 家长里短

短叹长吁 → 吁天呼地 → 地网天罗

罗织罪名 → 名噪一时 → 时隐时现

现身说法 → 法出一门 → 门庭若市

看图猜成语

答案：两面三刀

写一写

狐	奔	鼠	窜
狐	奔	鼠	窜
狐	奔	鼠	窜
狐	奔	鼠	窜

成语词典

狐奔鼠窜

释义 比喻非常狼狈地逃窜。

近义词 狼奔豕突

反义词 凯旋归来

造句 小贝猛然大叫一声，狐奔鼠窜地跳下赛台，连滚带爬地往人流中挤去。

内 容 提 要

这是一套给孩子看的彩绘版《典籍中的成语故事》，共有10册，每册一个主题，分别为爱国爱民篇、智慧谋略篇、远见卓识篇、人生百态篇、奇闻趣事篇、士林趣话篇、品格节操篇、巧言妙语篇、奋斗践行篇、说情解意篇。本书成语皆出自不同的典籍，以典籍中的故事来讲述成语；同时设置“成语接龙”“看图猜成语”“成语词典”等小板块，激发孩子对成语的学习兴趣，提高孩子的写作能力，让孩子开阔眼界，提高语言表达能力。

图书在版编目（CIP）数据

典籍中的成语故事．人生百态篇 / 新新世纪编著．-- 北京 ：航空工业出版社，2022.6

ISBN 978-7-5165-3057-3

Ⅰ．①典… Ⅱ．①新… Ⅲ．①汉语－成语－故事－少儿读物 Ⅳ．①H136.31-49

中国版本图书馆CIP数据核字（2022）第086396号

典籍中的成语故事·人生百态篇
Dianjizhongde Chengyugushi · Renshengbaitai Pian

航空工业出版社出版发行
（北京市朝阳区京顺路5号曙光大厦C座四层 100028）
发行部电话：010-85672688 010-85672689

三河市双升印务有限公司印刷 全国各地新华书店经售
2022年6月第1版 2022年6月第1次印刷
开本：710×1000 1/16 字数：16千字
印张：4.5 定价：188.00元（全10册）

咪奇熊®
MIQIXIONG

典籍中的成语故事

奇闻趣事篇

新新世纪◎编著

航空工业出版社
北京

前言

在浩如烟海的典籍中，成语作为中华语言的精华、文明的积淀、历史的浓缩、智慧的结晶，成为传承中华文明的重要载体。时至今日，仍有大量的成语在被广泛使用，散发着永恒的魅力。

同时，成语也是小学生语文的必修内容。在作文写作中，恰当地运用成语，可以使文章熠熠生辉；在口头表达中，则可以使你的语言更富有感染力。因此，熟练掌握和运用成语，不仅能达到言简意赅的效果，同时也是衡量一个人文字功底、文化素养以及语言表述能力的重要标尺。

本套书将成语按主题分为10册，收录了170则成语和与之一一对应的成语故事。书中除了讲述故事，还有成语的出处、释义、近义词、反义词、造句示例，让小读者既明其义、会使用，又知其源，了解其中所蕴含的丰富文化意义；同时还设置了小朋友喜欢的成语接龙和看图猜成语板块。在游戏中记住成语何乐而不为？文中配有近500幅精美插图，使故事生动活泼，引人入胜。

现在，就让我们翻开本书，一起走进成语故事的世界，去品味中华语言文化的博大精深和妙趣横生吧！

目录

入木三分

语出典籍

唐·张怀瓘《书断·王羲之》："晋帝时祭北郊，更祝版，工人削之，笔入木三分。"

王羲之在十二岁那年从父亲那里得到一本论述书法原理的书，爱不释手，天天抱着临砚（yàn）揣摩，孜（zī）孜不倦。他本来就具有很好的基础、丰富的实践，现在受书中启发，练起来更是得心应手，不满一个月，他的技艺便突飞猛进。当时著名女书法家卫夫人见了，赞不绝口，惊讶地对王羲之的父亲说："王羲之近来写的字相当老成，你是不是让他看了关于用笔窍门的书籍？"

王羲之精益求精，在勤奋苦练的同时，还研读各种理论。他博采众长，终于声名鹊起，成为一代宗师。

晋帝到北郊祭奠神灵，请王羲之在木板上书写祝词，挂在灵位之上。众人看了无不拍案称奇，那神妙莫测的字体，酣（hān）畅淋漓的线条，真是惊天地、泣鬼神。待到第二年再用木板的时候，工人无论用干布还是湿布都无法把上面的墨字擦掉；最后只好用刀子削，削掉后才发现那些墨迹已经透进木板三分深了。

成语接龙

入木三分 → 分崩离析

析微察异 → 异议蜂起 → 起偃为竖

竖子成名 → 名正言顺 → 顺水推舟

舟中敌国 → 国富兵强 → 强加于人

人山人海 → 海中捞月 → 月明星稀

看图猜成语

答案：两鼠斗穴

写一写

入	木	三	分
入	木	三	分
入	木	三	分
入	木	三	分

成语词典

入木三分

释义 形容书法笔力强劲，也形容对文章或事物见解深刻、透彻。

近义词 力透纸背

反义词 不着边际　走马观花　略见一斑　一知半解

造句 你对人物的分析真是入木三分啊！

大笔如椽

语出典籍

唐·房玄龄等《晋书·王珣传》："珣梦人以大笔如椽与之，既觉，语人云：'此当有大手笔事。'"

东晋时，宰相王导的孙子王珣（xún）很有才华，二十岁时便被大司马桓温聘为主簿官。有一次，官员们在开会，议论政事。事前大家都有所准备，王珣也写好了发言稿。桓温想试一下王珣的才学，于是派人悄悄拿走了王珣的稿子，王珣发觉后却并不慌张，发言时他仍从容不迫，滔滔不绝地讲完了自己的观点及主张。王珣的口才使在场的人都很佩服。从此，桓温将重要的文字工作都交给他处理。

有一天夜里，王珣做了一个梦，梦见有人给他一支大笔，粗大得像架在屋梁上的椽（chuán）子。王珣从梦中惊醒后，对家人说："看来要有大手笔的事情让我做了。"

果真孝武帝突然去世，写讣（fù）告、哀策、谥（shì）议等一系列繁重而又重要的文字工作全由王珣承担了起来。王珣把这一切都做得很好，博得了大家的好评。

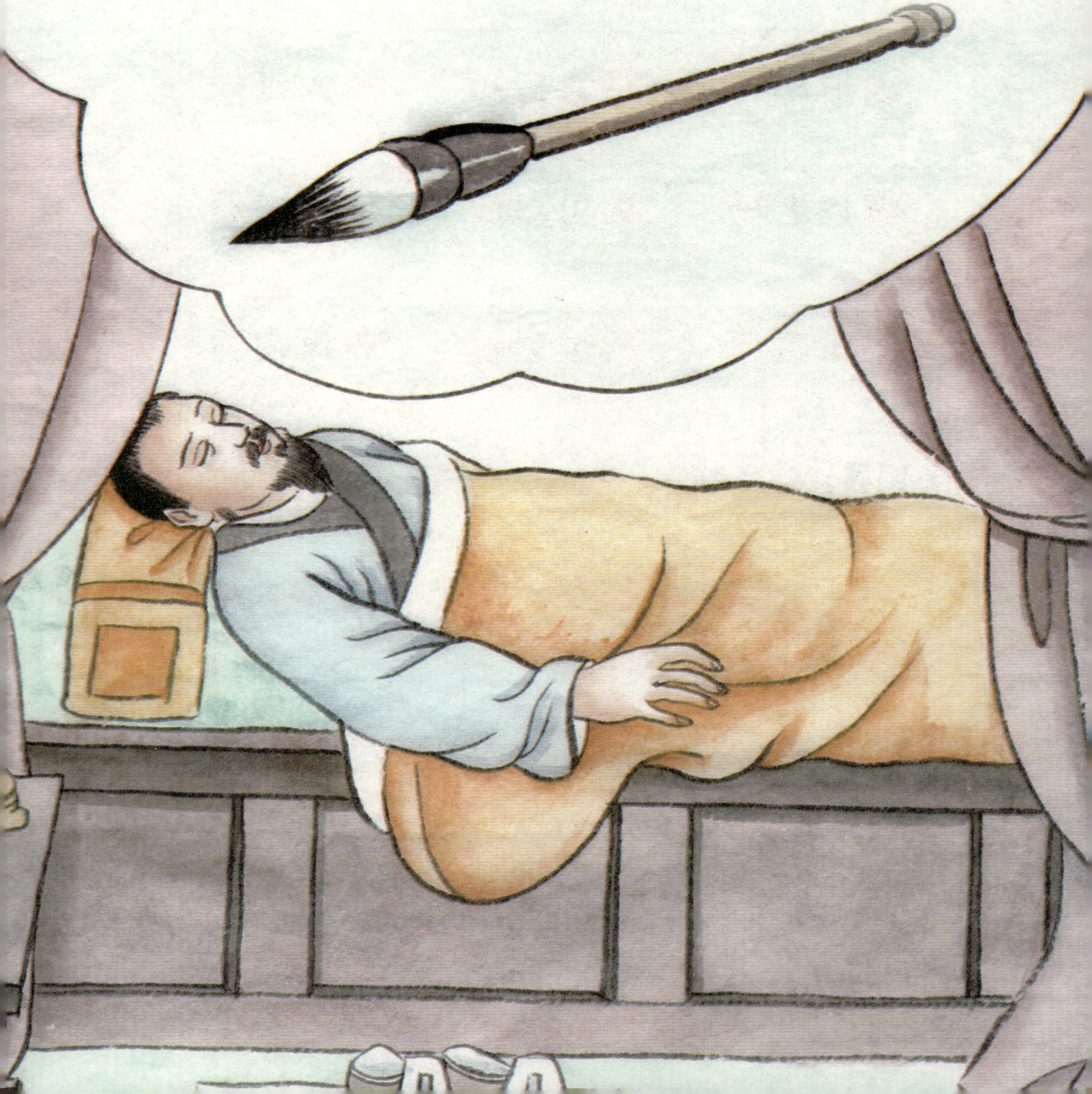

成语接龙

大笔如椽 → 传道受业

问鼎中原 ← 勤学好问 ← 业精于勤

原形毕露 → 路人皆知 → 知人善任

识途老马 ← 远见卓识 ← 任重道远

马革裹尸 → 尸位素餐 → 餐风宿露

看图猜成语

答案：两袖清风

写一写

大	笔	如	椽
大	笔	如	椽
大	笔	如	椽
大	笔	如	椽

成语词典

大笔如椽

释义 像椽子那样大的笔。形容著名的文章，也指有名的作家。椽：放在檩子上架着屋顶的木条。

近义词 力透纸背

反义词 轻描淡写

造句 金庸大笔如椽，写了许多精彩的武侠小说。

太公钓鱼，愿者上钩

语出典籍

《武王伐纣平话》："姜尚因命守时，直钩钓渭水之鱼，不用香饵之食，离水面三尺，尚自言曰：'负命者上钩来！'"

传说商纣（zhòu）王在位时，有个叫姜子牙（即姜尚）的人，知道西伯侯姬昌（即后来的周文王）胸怀大志，渴求人才，就在渭水边钓鱼。可是姜子牙钓鱼的鱼钩是直的，上面不放鱼饵，而且离开水面足有三尺高。他一边高举钓竿，一边自言自语地说："不愿活的鱼儿，你要找死就自己上钩吧！"他这种奇怪的钓鱼方法很快传到姬昌那里。

姬昌觉得这个人很古怪，就派士兵去请他。姜子牙根本不理睬，边钓鱼边说道："钓，钓，钓！鱼儿不上钩，虾米瞎胡闹！"

姬昌更加觉得这个人古怪不凡，于是派当官的前往迎请。姜子牙仍然不加理睬，他一边钓鱼一边说："钓，钓，钓！大鱼不上钩，小鱼瞎胡闹！"

姬昌于是带上厚礼，亲自去聘请姜子牙。姜子牙见他求贤心切，便答应为他效力。

姜子牙入朝后，被姬昌封为太师，尊称“太公望”。姜子牙先后辅佐文王、武王讨伐纣王，灭掉殷商建立周朝。

成语接龙

太公钓鱼，愿者上钩

勾肩搭背 → 背义负信 → 信誓旦旦

旦夕之危 → 危言耸听 → 听天由命

命在旦夕 → 夕阳西下 → 下马看花

花言巧语 → 语重心长 → 长命百岁

看图猜成语

答案：临池学书

写一写

太公钓鱼，
愿者上钩

太公钓鱼，愿者上钩

太公钓鱼，愿者上钩

成语词典

太公钓鱼，愿者上钩

释义 比喻心甘情愿地上当。太公：指周初的吕尚，即姜子牙。

近义词 两厢情愿

反义词 迫不得已

造句 太公钓鱼，愿者上钩，如果你不愿意，就不要加入。

双管齐下

语出典籍

唐·朱景玄《唐朝名画录·张藻》:“(藻)惟松树特出古今,能用笔法。尝以手握双管,一时齐下,一为生枝,一为枯枝……”

唐代画家张藻(zǎo),以善画山水松石闻名于世。他作画时,必先屏息静坐,灵感一来,挥笔疾如雷电,彩墨淋漓,顷刻而成。与张藻同时代的另一位画家毕宏,久闻张藻画松独具一格,请求一开眼界。张藻答允当众挥毫,只见他双手各握一笔,左右一齐开动,同时落墨(双管齐下)。两手所画之物迥(jiǒng)然不同,各有妙趣。在场众人,齐声称绝。更令人叹服的是,张藻用的竟是两支秃笔,兴之所至,还以手指代笔,蘸墨在纸上纵横摩按、揉擦,把松树的苍劲、山石的凝重、泉水的流动表现得活灵活现。

张藻画完,投笔离座。毕宏上前请教张藻师从哪位名家,张藻谦逊地回答道:“我以大自然为师,长期审察世上万物,使物在心中,才能达到得心应手的境界。”

毕宏细细品味张璪的话，佩服地感叹道：“张公画松，非他人所能及，我辈从此可以搁笔了！”

成语接龙

双管齐下 → 下马看花 → 花甲之年 → 年湮世远 → 远走高飞

非此即彼 → 彼竭我盈 → 盈千累万 → 万水千山 → 山穷水尽 → 尽忠报国

国士无双 → 双喜临门 → 门可罗雀

看图猜成语

答案：临渊羡鱼

写一写

双	管	齐	下
双	管	齐	下
双	管	齐	下
双	管	齐	下

成语词典

双管齐下

释义 原指双手执笔同时作画，后比喻做一件事两个方面同时进行或两种方法同时使用。

近义词 齐头并进　并驾齐驱

反义词 另起炉灶

造句 学习语文只有听与写双管齐下，收效才快。

百发百中

语出典籍

西汉·刘向《战国策·西周策》:“楚有养由基者，善射，去柳叶者百步而射之，百发百中。”

春秋时楚国名将养由基是射箭能手。有一次，晋厉公攻伐郑国，楚共王出兵援郑，和晋军相遇于鄢（yān）陵（今属河南许昌）。战斗中，晋将魏锜（qí）射伤了楚共王的眼睛。楚共王恨之入骨，就给养由基两支箭，要他代为报仇。结果，养由基只用了一支箭，就把魏锜射死。

当时，还有一个善射的人，名叫潘党，每箭都能射中箭靶的红心。养由基对他说:“这还不算本事，要能在百步之外射中杨柳叶子，才算差不多了。”

潘党不服，当即选定杨柳树上的三片叶子，并标明号数，叫养由基退到百步之外，按顺序射去。养由基连射三箭，果然第一箭中一号叶，第二箭中二号叶，第三箭中三号叶，箭头全都正中叶心，非常精准。

成语接龙

百发百中 → 中规中矩 → 举步如飞 → 飞沙走石 → 石破天惊 → 惊心骇目 → 目眦尽裂 → 裂石穿云 → 云布雨润 → 润物无声 → 声泪俱下 → 下里巴人 → 人满为患 → 患难之交

看图猜成语

答案：羚羊挂角

写一写

百	发	百	中
百	发	百	中
百	发	百	中
百	发	百	中

成语词典

百发百中

释义 形容射箭或打枪准确，每次都命中目标，也比喻做事有充分把握。

近义词 弹无虚发　百无一失　箭不虚发

反义词 百不一存　无的放矢

造句 他是个百发百中的神枪手。

赤膊上阵

语出典籍

明·罗贯中《三国演义》："许褚性起，飞回阵中，卸了盔甲，浑身筋突，赤体提刀，翻身上马，来与马超决战。"

东汉末年，割据凉州的军阀马腾之子马超，为报父仇，便和西凉太守韩遂起兵攻打曹操，双方在土城对峙（zhì）。

两军出营布成阵势，马超挺枪纵马与曹操的猛将许褚（chǔ）大战。两人大战了一百多个回合，仍不分胜负。因为战马疲累不已，两人各自回军中换了匹马，又战了一百多个回合，胜负依然不分。

许褚性急，飞奔回阵，卸下盔甲，赤膊上阵，与马超决战，双方官兵大为震惊。两人又斗了三十多个回合，许褚举刀奋力向马超砍去，马超闪过，挥枪向许褚心口刺来。许褚力大，"咔嚓"一声，扭断枪杆，两人各拿半截，在马上乱打。

后来两军混战，曹军损伤大半，退回寨中坚守不出。马超退回渭口（即渭水入黄河口），对韩遂说："我看在恶战当中再也没有比许褚不要命的了，真是个'虎痴'啊！"

成语接龙

赤膊上阵 → 阵马风樯

强弩之末 → 末学陋识 → 识微知著

著于竹帛 → 博古知今 → 今不如昔

西学东渐 → 渐入佳境 → 敬老恤贫

贫嘴贱舌 → 舌灿莲花 → 花前月下

看图猜成语

答案：买椟还珠

写一写

赤	膊	上	阵
赤	膊	上	阵
赤	膊	上	阵
赤	膊	上	阵

成语词典

赤膊上阵

释义 光着膀子上阵。比喻不顾一切，不讲策略或毫不掩饰地做事。

近义词 赤手上阵　短兵相接

反义词 披坚执锐　披挂上阵

造句 大刀会的人个个赤膊上阵，手持大刀和鬼子拼命。

余音绕梁

语出典籍

《列子·汤问》："昔韩娥东之齐，匮粮，过雍门，鬻歌假食。既去，而余音绕梁欐，三日不绝，左右以其人弗去。"

战国时期，韩国有一个名叫韩娥的歌女，不仅长得美丽，而且歌声悠扬悦耳。

有一次，韩娥经过齐国，因粮食吃完，便在齐国都城临淄（今属山东）的雍门卖唱换取食物。她的声音清脆嘹亮，婉转悠扬，十分动人。这次演唱，轰动全城。优美的歌声使围观的人们听得出了神，虽然韩娥唱完了歌已经离开，可是她那悦耳的歌声好久也不消失，仿佛仍在屋梁周围回响，大家以为她并没有走呢！

成语接龙

余音绕梁 → 梁上君子 → 子虚乌有 → 有名无实 → 实至名归 → 归心似箭 → 剑拔弩张 → 张冠李戴 → 戴罪立功 → 功败垂成 → 成竹在胸 → 胸无点墨 → 墨守成规 → 规行矩步

看图猜成语

答案：盲人摸象

写一写

余	音	绕	梁
余	音	绕	梁
余	音	绕	梁
余	音	绕	梁

成语词典

余音绕梁

释义 形容歌声或音乐优美，余音回旋不绝。也比喻诗文意味深长，耐人寻味。

近义词 绕梁三日　余音袅袅

反义词 不堪入耳　索然寡味

造句 她的歌声如此美妙，真是余音绕梁，三日不绝。

纸醉金迷

语出典籍

宋·陶穀《清异录·居室》:"有一小室，窗牖焕明，器皆金饰，纸光莹白，金彩夺目，所亲见之，归语人曰:'此室暂憩，令人金迷纸醉。'"

唐昭宗在位时，有个专治毒疮的医生，名叫孟斧。他医术高明，用的药方又是偏方、秘方，与其他医生治疗毒疮的用药全然不同，疗效很好。因此，宫中如果有人生了毒疮，唐昭宗就召他进宫医治。

过了几年，中原发生战乱，孟斧便举家迁往四川居住。由于他在长安（今陕西西安）时经常进宫，对宫中的装饰环境非常熟悉，而他又非常有钱，因此在购置新屋后，将其中的一个小房间按照宫中的样子布置起来。

这房间小巧玲珑，窗户明亮，室内的柜橱、桌子、椅子、茶几等家具，全部贴上了一层薄薄的金箔。灿烂的阳光透进窗口，照射在这些用金箔包着的器具上，只见满屋金光闪耀，光彩夺目，令人眼花缭乱。

每次有亲戚或朋友来，孟斧都要请他们参观这个房间，使他们大开眼界，赞叹不已。

这些亲友离开孟斧家后，回去都会对别人说：“在孟斧的那个贴满金箔的小房间里待上一会儿，真能使人纸醉金迷！”

成语接龙

纸醉金迷 → 迷不知归 → 归心如飞 → 飞龙乘云 → 云屯雾集 → 集思广益 → 益人神智 → 志在必得 → 得失参半 → 半夜三更 → 更长梦短 → 短叹长吁 → 吁天呼地 → 地久天长

看图猜成语

答案：猫鼠同眠

写一写

纸 醉 金 迷

纸 醉 金 迷

纸 醉 金 迷

纸 醉 金 迷

成语词典

纸醉金迷

释义 被光芒四射的金纸所迷惑。后用来形容奢侈豪华、腐朽享乐的生活。

近义词 灯红酒绿　醉生梦死　花天酒地

反义词 粗茶淡饭　质朴无华

造句 这姑娘到大城市之后，便被这里纸醉金迷的生活迷惑了。

初出茅庐

语出典籍

明·罗贯中《三国演义》:“博望相持用火攻,指挥如意笑谈中。直须惊破曹公胆,初出茅庐第一功。”

东汉末年,曹操派大将夏侯惇(dūn)率领十万大军杀奔新野,这时刘备仅有数千人马,形势十分危急。刘备召集关羽、张飞等部将共商对策。张飞问:“为什么不让军师去退敌呢?”

原来,刘备为了争夺天下,曾三顾茅庐拜访隐居在隆中(今湖北襄阳以西)的诸葛亮,请他做军师。刘备怕关羽、张飞不服诸葛亮调遣,就把宝剑和帅印都交给了他。

诸葛亮便召集众将前来听令。他命令关羽、张飞各带一千人马,埋伏到博望坡左右的山谷里,望见南面火起,立即出兵截杀,烧毁曹军粮草;命令关平、刘封领五百人,准备好放火器具,在博望坡后等候,曹军一到,立即放火;命令赵云前去诱敌,只许败不许胜;最后,请刘备亲自带领一支人马,驻扎在博望山下,望见曹军就丢弃营盘退走，等到火起后，再回军冲杀。众将不知其中奥妙，勉强接令行动。

夏侯惇带领大军扑向博望坡，正遇赵云引兵前来，夏侯惇亲自出阵，赵云假装败走，夏侯惇领兵追赶。追到博望坡前，突然一声炮响，刘备领兵杀来。夏侯惇与刘备交战，刘备虚晃一枪，便与赵云一起退去。夏侯惇继续催军追赶。

夜半时分，曹军追到一条狭窄的小路上，只见路边树林茂密、芦苇丛生。曹将于禁提醒夏侯惇防备火攻，夏侯惇猛然惊醒，传令赶快撤退。话音刚落，背后喊声震天，风助火威，火仗风势，烧得曹军落荒而逃、死伤惨重。赵云乘机回兵冲杀，夏侯惇冒着烟火狼狈逃窜。关羽、张飞率领伏兵拦住曹将李典、夏侯兰和韩浩的去路，两面夹攻，直杀得曹军尸横遍野、血流成河。

明朝小说家罗贯中写下这个故事，赞扬诸葛亮初出茅庐就立下第一功。

成语接龙

初出茅庐 → 庐山面目 → 目空一切 → 切齿痛心 → 心不二用 → 用心措意 → 意味深长 → 长生久视 → 视死如归 → 归正首丘 → 丘山之功 → 功德圆满 → 满面红光 → 光彩夺目

看图猜成语

答案：夸夸其谈

写一写

初	出	茅	庐
初	出	茅	庐
初	出	茅	庐
初	出	茅	庐

成语词典

初出茅庐

释义 初次出来做事，比喻刚离开家庭或刚到工作岗位上，缺乏经验。

近义词 羽毛未丰　乳臭未干　少不更事　初露头角

反义词 老谋深算　久经世故　身经百战　老成持重

造句 他第一次参加国际比赛时，还是个初出茅庐的小伙子。

鸡鸣狗盗

语出典籍

西汉·司马迁《史记·孟尝君列传》："最下坐者有能为狗盗者，曰：'臣能得狐白裘。'……客之居下坐者有能为鸡鸣，而鸡齐鸣，遂发传出。"

战国时期，齐国的孟尝君有门客几千人，门客都把他当作知己。

有一年，孟尝君到了秦国，秦国的秦昭王早就仰慕他的大名，就请他做秦国的丞相。这时秦国的大臣们对秦昭王说："大王，孟尝君虽然很能干，但他是齐国人，如果他当了秦国的丞相，一定会先替齐国办事，而后才会想到秦国，那样一来，我们不是很危险吗？"

秦昭王立即改变了主意，不仅不起用孟尝君，还想杀掉他以除后患，于是下令先将孟尝君囚禁起来。

孟尝君看形势不妙，便想办法逃出秦国。他派一名心腹去找秦昭王最宠爱的妃子帮忙。妃子答应帮助孟尝君离开秦国，但是提出了一个条件：必须得到孟尝君那件狐白裘（qiú）。

孟尝君犯了难，刚到秦国时，他就把狐白裘送给秦昭王了。他想来想去也没想出办法来。偏巧随他访问的门客中，有一个会偷盗的。他便在当天夜里扮成狗，爬进秦国宫殿，把送给秦昭王的那件狐白裘偷了出来，转送给秦昭王最宠爱的妃子。妃子得到狐白裘后，就在秦昭王面前说了不少好话，请求释放孟尝君，最后秦昭王答应了。

孟尝君害怕秦昭王变卦，就率领随从连夜逃跑，但跑到秦国的出境关口，却被挡住了。按照秦国关法规定，天亮鸡叫时，才准开关口放人。孟尝君焦急万分，束手无策。偏巧他的随从之中有一个会学鸡叫的人，就偷偷地学起公鸡啼鸣来。他这一叫，周围人家的公鸡也都跟着叫起来。守关的人以为天亮了，就开关口把他们放走了。

孟尝君这才逃过了这场大难。

成语接龙

鸡鸣狗盗 → 盗玉窃钩

钩隐抉微 → 微不足道 → 道合志同

同德一心 → 心长力弱 → 弱本强末

末节细行 → 行不贰过 → 过犹不及

及第成名 → 名门闺秀 → 秀色可餐

看图猜成语

答案：门庭若市

写一写

鸡 鸣 狗 盗

鸡 鸣 狗 盗

鸡 鸣 狗 盗

鸡 鸣 狗 盗

成语词典

鸡鸣狗盗

释义 指微不足道的本领，也指偷偷摸摸的行为。

近义词 偷偷摸摸　旁门左道　鼠窃狗盗

反义词 光明磊落　正人君子

造句 如果只是拥有一些鸡鸣狗盗的小本领，是很难成就大事的。

挂冠而去

语出典籍

南朝宋·范晔《后汉书·逄萌传》:“时王莽杀其子宇,萌谓友人曰:‘三纲绝矣!不去,祸将及人。’即解冠挂东都城门,归,将家属浮海,客于辽东。”

西汉末年,手握重权的王莽树敌很多。王莽的儿子王宇担心这样下去,父亲会招致杀身之祸,想劝谏,但又怕父亲不接受。他就利用父亲迷信鬼神的弱点,趁夜间把血洒在父亲的府第门上,以示鬼神发出了警告,要他及时抽身避祸。想不到王宇的行为被卫士发现,王莽就将儿子逮捕下狱,强迫他服毒自杀。消息传出来,不少人夸王莽大义灭亲。

当时,有一个叫逄(páng)萌的人看出了王莽的用意,就对朋友说:“一个连君臣、父子、夫妻关系都不顾的人,不远离他,灾祸就要殃及我们。”于是,他就摘下头上的官帽,高高地挂在城门外,悄悄离开了都城。回到家后,他带着家眷(juàn),乘船去了辽东。

在辽东，逄萌仍然心系朝廷，他常常头戴瓦盆，嘴里哭喊着：“新啊！新啊！你扰乱了天下！”逄萌喊的“新”，指的就是王莽，因为王莽最初封新都侯，篡汉后，改国号为“新”。

后来，王莽自杀，新朝也随之覆灭。人们都称赞逄萌有先见之明。

成语接龙

挂冠而去 → 去伪存真

真刀真枪 → 枪林弹雨 → 雨约云期

期期艾艾 → 艾发衰容 → 容当后议

议论纷错 → 错落不齐 → 齐家治国

国家多故 → 故作高深 → 深沟壁垒

看图猜成语

答案：面如土色

写一写

挂	冠	而	去
挂	冠	而	去
挂	冠	而	去
挂	冠	而	去

成语词典

挂冠而去

释义 指辞去官职。冠：官帽。

近义词 辞官归隐

反义词 东山再起

造句 总之，他干了很短的一段时间就挂冠而去了。

南州冠冕

语出典籍

西晋·陈寿《三国志·蜀书·庞统传》："徽甚异之，称统当为南州士之冠冕。"

三国颍川贤士司马徽善于识别人才，与庞德公是知交。庞德公有个侄儿叫庞统。一次，庞德公让他去拜访司马徽。庞统来到司马徽家里，两人从国家大事谈到诗书字画，越谈越投机，从白天一直谈到黑夜。司马徽发现，他面前这位二十岁的年轻人竟然无所不知、无所不晓，见解也相当独特、不落俗套，不由得大为惊异，便称赞他是南方士人中的第一人。

不久，刘备请司马徽推荐人才，司马徽就向他推荐了诸葛亮和庞统。于是刘备三顾茅庐，隆重地把诸葛亮请了出来，并拜为军师。当时庞统在东吴，没有受到孙权的重用，听说刘备占据了荆州，便来投奔他。开始，庞统只是被安排当一个代理县令。庞统感到失望，不去从事政务，结果被免职。东吴的大将鲁肃得知这件事后，写信给刘备说，庞统绝不是仅能治理一个县的人才，应把他安置在重要的位置上，才能发挥他的作用。于是刘备接见了庞统，在交谈中发现他果然是个人才，立即加以重用。不久，刘备便让庞统与诸葛亮同时担任军师中郎将。

庞统被重用后，促使刘备下了攻取益州的决心，并随同刘备前往。不幸的是，庞统在进军途中被乱箭射死，当时才三十六岁。

成语“南州冠冕”，就来自司马徽对庞统的评价。

成语接龙

南州冠冕 → 免开尊口

谈笑风生 ← 传为笑谈 ← 口授心传

生龙活虎 → 虎踞龙盘 → 盘根错节

地覆天翻 ← 升天入地 ← 节节攀升

翻江倒海 → 海底捞针 → 针锋相对

看图猜成语

答案：妙笔生花

写一写

南州冠冕

南州冠冕

南州冠冕

南州冠冕

成语词典

南州冠冕

释义 南方人才中杰出的人。指才识出众的人。

近义词 鹤立鸡群

反义词 滥竽充数

造句 那一年，他北临碣石，南州冠冕，绝世无双。

响遏行云

语出典籍

《列子·汤问》："饯于郊衢，抚节悲歌，声振林木，响遏行云。"

古时候，有个名叫薛谭的年轻人拜歌唱家秦青为师。薛谭下功夫学习，进步很快，没多久就成为秦青诸多学生中的佼（jiǎo）佼者。

薛谭学了一段时间后，自以为把老师唱歌的技艺都学到手了，便对秦青说："老师，我已经学得差不多了，想回家去。"

秦青知道薛谭有很高的唱歌天赋，但也知道他有自满情绪，便决定不从正面加以劝阻，而是说："你要离开，我不拦阻你。让我在大道上为你饯（jiàn）行吧！"

到了离别那天，秦青带了一些学生把薛谭送到大路上。秦青特地备了酒菜，为薛谭送行。喝完酒后，秦青对薛谭说："我谱了一曲新歌，本想以后教你的。现在你要走了，我就在这儿唱一遍，作为临别的纪念吧！"

接着，秦青一面打着节拍，一面唱了起来。歌声悲壮雄浑，充满了真挚的感情。路旁的树木仿佛也受到了感染，一动不动地静立倾听；天上的云彩仿佛也被吸引止住了脚步，不再飘动。

薛谭听了老师的歌，这才知道自己和老师相比，还差得远呢。于是，薛谭跟着秦青返回秦家，继续学唱歌，从此再也没说过要回去的话。

成语接龙

响遏行云 → 云飞雨散

雾里看花 ← 愁云惨雾 ← 散闷消愁

花红柳绿 → 绿草如茵 → 因陈守旧

秋毫不犯 ← 伤春悲秋 ← 救死扶伤

犯上作乱 → 乱作一团 → 团头聚面

看图猜成语

答案：目瞪口呆

写一写

响 遏 行 云

响 遏 行 云

响 遏 行 云

响 遏 行 云

成语词典

响遏行云

释义 形容歌声嘹亮，直上天空，把浮动的云彩都挡住了。

近义词 声振林木　高遏行云　震耳欲聋　响彻云霄

反义词 悄无声息　默默无闻

造句 树林边那嘹亮的歌声，响遏行云，使人久久难忘。

济时拯世

语出典籍

南朝宋·范晔《后汉书·崔寔传》："济时拯世之术，岂必体尧蹈舜然后乃理哉？"

汉桓帝时，涿（zhuō）郡人崔寔，出身于大儒之家，喜欢研究典籍，写了几十篇政论，议论时政，当时人们认为他讲得很有道理。崔寔认为，目前的社会积弊很深，要使汉室中兴，应根据当时的情况制定法制，解决急需解决的问题，才能补漏纠错，济时拯世，而不必样

样照搬尧舜的方法。总之，他主张根据实际情况解决实际问题。

崔寔曾任五原太守。五原一带的土壤适宜种麻，而当地老百姓却不懂织麻。自古以来，他们到冬天只能蜷缩在草中，没有衣服穿。崔寔到任后，马上制造纺麻织布的器具，教会百姓纺纱织布，使百姓有了衣服穿。同时他还操练兵马，加强边境的防卫，使胡人不敢进犯，于是五原成了最安宁的边城。

成语接龙

济时拯世 → 世态炎凉 → 良辰吉日 → 日薄西山 → 山高路远 → 远交近攻 → 攻城掠地 → 地动山摇 → 摇头晃脑 → 脑满肠肥 → 肥头大耳 → 耳提面命 → 命中注定 → 定倾扶危

看图猜成语

答案：沐猴而冠

写一写

济	时	拯	世
济	时	拯	世
济	时	拯	世
济	时	拯	世

成语词典

济时拯世

释义 指拯救时世。

近义词 济世匡时

反义词 祸国殃民

造句 他有济时拯世的雄心壮志。

前无古人

语出典籍

唐·陈子昂《登幽州台歌》："前不见古人，后不见来者。"

唐代著名的文学家陈子昂既有才学，又有抱负。他上书论政，受到武则天的赏识。后来，他又曾一度从军。

696年，建安王武攸（yōu）宜率军北伐契丹，陈子昂担任随军参谋。武攸宜不懂谋略，以致前锋吃了败仗。陈子昂几次向他献计，甚至自告奋勇请求率领一支军队出击，武攸宜不仅不同意，反而将他降职。

由于抱负不能实现，陈子昂悲愤不已，惆怅不平。当时军队驻在燕地，他登上古老的幽州台，不禁想起古代燕昭王重用大将乐毅的历史往事。他吊古伤今，不由得悲愤地唱出了《登幽州台歌》：

前不见古人，后不见来者。

念天地之悠悠，独怆（chuàng）然而涕下。

诗歌大意是，再也见不到像燕昭王这样礼贤下士的古人，以后也不会见到这样的人了。天地无限渺远，我只能独自悲伤地痛哭流涕。

后来，陈子昂因父亲老了解职回乡，被一个县令诬陷入狱，不久忧愤而死。

成语接龙

前无古人 → 人满为患

映雪囊萤 ← 交相辉映 ← 患难之交

迎头赶上 → 上行下效 → 效颦学步

蔽聪塞明 ← 营私舞弊 ← 步步为营

明日黄花 → 花枝招展 → 展翅高飞

看图猜成语

答案：南辕北辙

写一写

前	无	古	人
前	无	古	人
前	无	古	人
前	无	古	人

成语词典

前无古人

释义 指前所未有的。

近义词 闻所未闻　见所未见　前所未有

反义词 司空见惯

造句 把我国建设成现代化的社会主义强国，是前无古人的伟大事业。

起死回生

战国名医秦越人，因为救活过不少将死的人，所以人们用传说中黄帝时代的神医“扁鹊”的名号来称呼他。

有一次，扁鹊在虢国行医。一天上午，他带了两个弟子走过王宫，听说太子早上死去，便要求进宫查看。扁鹊俯耳在太子鼻子前听了一会儿，发现太子有极微弱的呼吸；摸了摸他的两腿，发现内侧还有微温；切过脉，又发现脉内有轻微的跳动。于是他说：“太子不是真死，而是得了严重的昏病，还有希望活过来。”

语出典籍

西汉·司马迁《史记·扁鹊仓公列传》：“故天下尽以扁鹊为能生死人。扁鹊曰：‘越人非能生死人也，此自当生者，越人能使之起耳。’”

说着，他叫一个徒弟准备针灸，在太子的头、胸、手、脚上扎了几针。不一会儿，太子果然回过气来。扁鹊又叫另一个徒弟在太子两侧腋下热敷。不多久，太子居然清醒过来。在旁的君王和臣下见此情景，都非常高兴，一再向扁鹊道谢。

扁鹊对国君说："为了促使太子恢复健康，我再开张药方，让他连续服二十天药，到时必见功效。"

太子服了二十天药后，果然完全恢复了健康。国君惊叹扁鹊的神奇医术，扁鹊谦虚地说："并非是我能起死回生，而是太子并没有死去，所以我能医好他。"

成语接龙

起死回生 → 生龙活现

恩将仇报 ← 法外施恩 ← 现身说法

报仇雪恨 → 恨之入骨 → 骨肉至亲

水落石出 ← 静若止水 ← 亲临其境

出生入死 → 死心塌地 → 地老天荒

看图猜成语

答案：囊萤映雪

写一写

起	死	回	生
起	死	回	生
起	死	回	生
起	死	回	生

成语词典

起死回生

释义 把快要死的人救活。形容医术高明，也比喻把已经没有希望的事物挽救过来。

近义词 死而复生　妙手回春

反义词 不可救药　病入膏肓

造句 王大夫真有起死回生的本领，经过抢救和细心治疗终于把病人救过来了。

笔走龙蛇

语出典籍

唐·李白《草书歌行》:"恍恍如闻神鬼惊,时时只见龙蛇走。"

唐朝时期,一年秋天,秘书监贺知章在府上宴请宾客,高朋满座,好不热闹。正在酣饮之间,来了一位少年僧人。

贺知章说:"他是玄奘(zàng)法师的弟子怀素,出家不戒酒,写得一手好草书。在他老家长沙和湖南七郡的知名人家,家家都挂有他书写的屏幛。"酒过三巡,贺知章向来宾敬酒致谢说:"嘉会良辰,少不得赋诗助兴,有请谪(zhé)仙李翰林(即李白)作诗以记盛会如何?"

李白并不推辞,只是说:"诗意因兴而起,酒兴有了,但还不够,请怀素大师当众挥毫以助诗兴。"

书童抬出几箱书写用的麻笺(jiān)、素绢,书案上摆出数方上好的宣州石砚,书童几人轮番注水研墨。怀素放下酒杯,飘然起立,堂上顿时一片寂静。但见少年僧人援笔蘸墨,凝神注视绢纸片刻，突然运气挥毫，臂转腕旋，写完一张又一张。不多久，满地尽是灵气飞动的草书，几箱麻笺素绢顷刻用完。

怀素掷笔返座时，李白的《草书歌行》也已写成，他当众吟咏道：“少年上人号怀素，草书天下称独步。……吾师醉后倚绳床……起来向壁不停手，一行数字大如斗。恍恍如闻神鬼惊，时时只见龙蛇走。……”

贺知章评论说：“上人书写，左盘右旋，确实笔走龙蛇啊！好字，好诗！”

成语接龙

笔走龙蛇 → 蛇蝎心肠 → 肠肥脑满 → 满纸空言 → 言归和好 → 好风好雨 → 雨散云收 → 收成弃败 → 败于垂成 → 成千上万 → 万事如意

异想天开 → 开山鼻祖 → 祖宗家法

看图猜成语

答案：鸟语花香

写一写

笔	走	龙	蛇
笔	走	龙	蛇
笔	走	龙	蛇
笔	走	龙	蛇

成语词典

笔走龙蛇

释义 形容书法生动而有气势。

近义词 笔底龙蛇　龙飞凤舞

反义词 春蚓秋蛇　鬼画桃符

造句 这种笔走龙蛇的书法，真是世间少有。

内容提要

这是一套给孩子看的彩绘版《典籍中的成语故事》，共有10册，每册一个主题，分别为爱国爱民篇、智慧谋略篇、远见卓识篇、人生百态篇、奇闻趣事篇、士林趣话篇、品格节操篇、巧言妙语篇、奋斗践行篇、说情解意篇。本书成语皆出自不同的典籍，以典籍中的故事来讲述成语；同时设置“成语接龙”“看图猜成语”“成语词典”等小板块，激发孩子对成语的学习兴趣，提高孩子的写作能力，让孩子开阔眼界，提高语言表达能力。

图书在版编目（CIP）数据

典籍中的成语故事．奇闻趣事篇 / 新新世纪编著．-- 北京 ：航空工业出版社，2022.6

ISBN 978-7-5165-3057-3

Ⅰ．①典… Ⅱ．①新… Ⅲ．①汉语－成语－故事－少儿读物 Ⅳ．①H136.31-49

中国版本图书馆CIP数据核字（2022）第086395号

典籍中的成语故事·奇闻趣事篇
Dianjizhongde Chengyugushi · Qiwenqushi Pian

航空工业出版社出版发行
（北京市朝阳区京顺路5号曙光大厦C座四层　100028）
发行部电话：010-85672688　010-85672689

三河市双升印务有限公司印刷　　全国各地新华书店经售
2022年6月第1版　　2022年6月第1次印刷
开本：710×1000　1/16　　字数：16千字
印张：4.5　　定价：188.00元（全10册）

咪奇熊®
MIQIXIONG

典籍中的成语故事

士林趣话篇

新新世纪◎编著

航空工业出版社
北京

前言

在浩如烟海的典籍中，成语作为中华语言的精华、文明的积淀、历史的浓缩、智慧的结晶，成为传承中华文明的重要载体。时至今日，仍有大量的成语在被广泛使用，散发着永恒的魅力。

同时，成语也是小学生语文的必修内容。在作文写作中，恰当地运用成语，可以使文章熠熠生辉；在口头表达中，则可以使你的语言更富有感染力。因此，熟练掌握和运用成语，不仅能达到言简意赅的效果，同时也是衡量一个人文字功底、文化素养以及语言表述能力的重要标尺。

本套书将成语按主题分为10册，收录了170则成语和与之一一对应的成语故事。书中除了讲述故事，还有成语的出处、释义、近义词、反义词、造句示例，让小读者既明其义、会使用，又知其源，了解其中所蕴含的丰富文化意义；同时还设置了小朋友喜欢的成语接龙和看图猜成语板块。在游戏中记住成语何乐而不为？文中配有近500幅精美插图，使故事生动活泼，引人入胜。

现在，就让我们翻开本书，一起走进成语故事的世界，去品味中华语言文化的博大精深和妙趣横生吧！

目录

一鳞半爪

语出典籍

唐·高仲武《中兴闲气集·苏涣》:“三年中作变律诗九首，上广州李帅，其文意长于讽刺，亦有陈拾遗一鳞半甲。”

唐朝长庆年间，大诗人白居易有一次请他的好友——著名诗人元稹（zhěn）、刘禹锡、韦楚客到他家做客。

就座以后，白居易建议道：“今日难得幸会，若不赋诗饮酒，岂不有失雅兴？”见众人一致赞成，他又说：“那我们就以‘金陵怀古’为题目作诗，如何？”

众人纷纷提笔静思。刘禹锡是位饱经风霜的政治家，因参加了当时的改革而屡遭迫害。此时他的脑海里一下子涌上了西晋伐吴、孙皓投降，以及东晋、宋、齐、梁、陈五个王朝相继灭亡的情景，一种悲凉之情油然而生。他端起一杯酒，一饮而尽，提笔在纸上一阵挥舞，一首题为“西塞山怀古”的诗很快跃然纸上：

王濬（jùn）楼船下益州，金陵王气黯然收。

千寻铁锁沉江底，一片降幡（fān）出石头。

人世几回伤往事，山形依旧枕寒流。

今逢四海为家日，故垒萧萧芦荻（dí）秋。

这首诗怀古叹今，意味深长，白居易脱口赞道："好诗呀，好诗！咱们四人一块儿下海探龙，你先得到了龙珠，余下的一鳞半爪还有什么用呢？"

元稹和韦楚客也附和着说："我们不必再献丑了，快把诗稿藏起来吧，一鳞半爪怎能比得上你的龙珠呢？"

成语接龙

一鳞半爪 → 爪牙之士

士穷见节 → 节用厚生 → 生吞活夺

夺门而出 → 出奇制胜 → 胜任愉快

快犊破车 → 车载船装 → 装模作样

样样俱全 → 全身远害 → 害人不浅

看图猜成语

答案：怒发冲冠

写一写

一	鳞	半	爪
一	鳞	半	爪
一	鳞	半	爪
一	鳞	半	爪

成语词典

一鳞半爪

释义 原指龙在云中，东露一鳞，西露半爪，看不到它的全貌。后比喻零星片段的事物。

近义词 支离破碎　东鳞西爪　残缺不全　片纸只字

反义词 一览无遗　完美无缺　一应俱全

造句 观察问题要全面，不要抓住一鳞半爪就轻率地下结论。

不求甚解

语出典籍

东晋·陶潜《五柳先生传》："好读书，不求甚解，每有会意，便欣然忘食。"

陶渊明，名潜，因不满当时的官场，而情愿在农村过隐居的生活。《五柳先生传》是他给五柳先生写的一篇传记。其实，五柳先生就是陶渊明自己。因为他家的屋旁边有五株柳树，他就自号"五柳先生"。

陶渊明在《五柳先生传》中，谈到自己"好读书，不求甚解，每有会意，便欣然忘食"。

"不求甚解"，陶渊明原意是反对死抠字眼、钻牛角尖；他读书注重深入领会书中的原意，所以"每有会意，便欣然忘食"。可是后人对于"不求甚解"这句话，只取它字面的意思，把它作为读书不认真、不求深刻理解的形容词。

成语接龙

不求甚解 → 解囊相助

来日方长 ← 乐往哀来 ← 助人为乐

长驱深入 → 入幕之宾 → 宾客盈门

人五人六 ← 市井小人 ← 门庭如市

六亲不认 → 认祖归宗 → 宗庙社稷

看图猜成语

答案：笔走龙蛇

写一写

不	求	甚	解
不	求	甚	解
不	求	甚	解
不	求	甚	解

成语词典

不求甚解

释义 只求知道个大概，不求彻底了解。常指学习或研究不认真、不深入。

近义词 囫囵吞枣　一知半解　望文生义　浅尝辄止

反义词 鞭辟入里　追根溯源　寻根究底

造句 对待学习应认真求精，那种不求甚解的学习态度是不可取的。

见不逮闻

语出典籍

北宋·欧阳修等《新唐书·文艺上·崔信明传》："世翼览未终，曰：'所见不逮所闻！'投诸水，引舟去。"

唐初文人崔信明爱写诗。他写的"枫落吴江冷"一句，很有情趣，受到当时扬州录事参军郑世翼的赏识。不过那时他们两人还没见过面。

有一次，郑世翼坐船行于长江上，偶然与崔信明相遇。郑世翼当即停船，将崔信明请过来，热情款待。谈起那句诗来，郑世翼大大称赞了几句，并问他

有没有新作，可不可以看看。崔信明听了，喜不自禁，立刻取出一大堆诗稿来，递给郑世翼看。

郑世翼翻看了几页，见写得平平淡淡，再往下看，简直看不下去了，对崔信明说："今天我所见的比过去听说的差多了！"说完，他把诗稿往江里一扔，命人开船，扔下十分尴尬的崔信明，头也不回地离去了。

成语接龙

见不逮闻 → 闻者咋舌 → 舌敝唇枯 → 枯脑焦心 → 心慈面善 → 善治善能 → 能伸能缩 → 缩手旁观 → 观眉说眼 → 眼中拔钉 → 钉头磷磷 → 林下风韵 → 运用自如 → 如出一辙

看图猜成语

答案：破釜沉舟

写一写

见	不	逮	闻
见	不	逮	闻
见	不	逮	闻
见	不	逮	闻

成语词典

见不逮闻

释义 亲眼看见的不及过去听说的好。形容一个人徒有虚名。

近义词 名不副实　浪得虚名

反义词 名副其实　名不虚传　名至实归

造句 过去听说他是一个品德高尚之人，今日相遇，见不逮闻，他竟是个卑鄙无耻之徒。

见猎心喜

语出典籍

《二程全书·遗书七》："在田野间见田猎者，不觉有喜心。"

北宋著名的哲学家和教育家程颢的学说，后来被朱熹继承和发展，后人称他们为"程朱学派"。

程颢年轻时非常喜欢打猎，不免影响学习和工作。后来他潜心于学问便不再花费时间打猎了。过了一段时间，他对朋友们说："打猎的爱好我今后没有了。"

一位名叫周茂叔的朋友摇头说："不一定吧，不要说得那么容易！不过是你打猎的心思隐埋起来了，等哪一天萌发起来，你还会像从前一样乐于打猎的。"

十二年以后，程颢有一次外出归来，偶然看见田野间有人打猎。他顿时心动起来，很想与猎手们较量一番。但他记起周茂叔的话，强行控制住自己的欲望，恋恋不舍地离去。

成语“见猎心喜”就是从这一故事中概括出来的。

成语接龙

见猎心喜 → 喜气洋洋

事败垂成 ← 意气用事 ← 洋洋得意

成千上万 → 万水千山 → 山清水秀

道听途说 ← 中庸之道 ← 秀外慧中

说一不二 → 二三其德 → 德高望重

看图猜成语

答案：七步之才

写一写

见	猎	心	喜
见	猎	心	喜
见	猎	心	喜
见	猎	心	喜

成语词典

见猎心喜

释义 比喻看见别人在做的事正是自己过去所喜好的，不由得心动，也想试一试。

近义词 跃跃欲试　触景生情

造句 爷爷听到我在唱歌，一时见猎心喜，也陪唱了一段。

牛刀小试

语出典籍

北宋·苏轼《送欧阳主簿赴官韦城》："读遍牙签三万轴，却来小邑试牛刀。"

北宋时期，文学家苏东坡曾写过不少题赠友人的诗。一次，他的一位姓欧阳的朋友去韦城做官，苏东坡便写下了《送欧阳主簿赴官韦城》诗四首，在诗中有这样两句：

读遍牙签三万轴，
却来小邑试牛刀。

这两句话的意思是指这位友人读了很多书（“牙签”指书卷，“三万轴”是虚数，表示多），才高八斗，如今到韦城这个小地方去做官，不过是牛刀小试、略显身手而已。

讀遍牙簽
三萬軸
却來小邑
試牛刀

成语接龙

牛刀小试 → 试才录用 → 用智铺谋 → 谋夫孔多 → 多许少与 → 与世浮沉 → 沉着痛快 → 快刀斩麻 → 麻痹大意 → 意兴索然 → 然获读书 → 书声朗朗 → 朗朗上口 → 口若悬河

看图猜成语

答案：杞人忧天

写一写

牛	刀	小	试
牛	刀	小	试
牛	刀	小	试
牛	刀	小	试

成语词典

牛刀小试

释义 比喻有很大的本领，先在小事情上施展一下。

近义词 初露锋芒　小试牛刀　崭露头角

反义词 大显神通　大显身手

造句 做这点儿事情，对他来说真是牛刀小试。

东山再起

语出典籍

唐·房玄龄等《晋书·谢安传》:“卿累违朝旨，高卧东山，诸人每相与言，安石不肯出，将如苍生何？苍生今亦将如卿何？”

东晋时期的著名文人谢安隐居在浙江会稽的东山，经常与王羲之游山玩水，写文作诗。朝廷知道他有才学，屡次召他做官，都被他拒绝了。

后来，晋明帝司马绍的女婿、征西大将军桓温请谢安做司马，他不得已才答应。这时他已经四十多岁了。

在谢安将要出任的那天，朝廷上的官员都出来相送。这时有个叫高菘（sōng）的官员，同他开玩笑说：“你过去高卧东山，屡次违背朝廷旨意，不肯出来做官，想不到今天终于出来了！”

谢安后来一直做到宰相之位。在著名的淝水之战中，他派弟弟和侄子为大将，领兵迎战，击败了苻坚的百万大军。

成语接龙

东山再起 → 起兵动众

高牙大纛 ← 月黑风高 ← 众星捧月

盗铃掩耳 → 耳鬓厮磨 → 磨砻浸灌

恩将仇报 ← 义以断恩 ← 灌瓜之义

报怨雪耻 → 耻居人下 → 下马作威

看图猜成语

答案：青面獠牙

写一写

东	山	再	起
东	山	再	起
东	山	再	起
东	山	再	起

成语词典

东山再起

释义 指再度出任要职。也比喻失势之后又重新得势。

近义词 重整旗鼓　卷土重来　死灰复燃

反义词 一败涂地　一蹶不振

造句 失败了，只要不灰心丧气，一切从头开始，重整旗鼓，就有东山再起的希望。

自惭形秽

语出典籍

南朝宋·刘义庆《世说新语·容止》:“珠玉在侧,觉我形秽。”

晋怀帝时,有一位知名人士,名叫卫玠(jiè)。卫玠二十七岁那年突然死去。当时人们流传说:“卫玠是被人‘看’死的!”

原来卫玠生下来就相貌不凡,非常特别,说话、走路、接人、待物皆与一般孩子不同,谁见了都喜欢。

卫玠的祖父和父亲都是朝廷的大官。卫玠稍微懂事以后,有一天赶着用羊拉的车进城去。当他经过市场时,人们见到他都十分惊讶,互相议论说:“瞧,他多像用玉雕成的人啊……”顷刻之间,几乎全城的人都来观看他。

卫玠的舅舅王济,是骠骑将军,生得英俊健伟,很有风采。可是他一见到小外甥,就感慨地说:“卫玠和我站在一起,就像明珠、宝玉在我身边一样,我觉得自己的形象太难看了。同他一块走路，他好像是一颗明珠在身旁闪烁，熠（yì）熠发光啊！”

卫玠虽然长得异常俊美，又很有学问，但是身体多病，弱不禁风。后来卫玠到了建邺，当地人早听说他姿容非凡，都想见见他。当卫玠走到街上，看他的人像城墙一样，将他围得水泄不通。没多久，卫玠由于劳烦过度而亡。

成语接龙

自惭形秽 → 秽语污言 → 言之不尽 → 尽如人意 → 意气相合 → 合心合意 → 意存笔先 → 先务之急 → 急于事功 → 功就名成 → 成王败寇 → 寇不可玩 → 玩物丧志 → 志同道合

看图猜成语

答案：倾盆大雨

写一写

自	惭	形	秽
自	惭	形	秽
自	惭	形	秽
自	惭	形	秽

成语词典

自惭形秽

释义 因为自己不如别人而感到惭愧。

近义词 自愧不如　妄自菲薄　自感汗颜

反义词 孤芳自赏　唯我独尊　自以为是　自命不凡

造句 你不要因为成绩不如别人就自惭形秽。

后起之秀

语出典籍

南朝宋·刘义庆《世说新语·赏誉》："卿风流俊望，真后来之秀。"

东晋时，有个大臣叫王忱，从小就很聪慧。舅父范宁是当时的知名学者，很赏识这个外甥，经常把他带在身边，让他参加聚会，使他增长见识。

有一次，一位名叫张玄的人前来拜访范宁，范宁就让王忱前去和张玄叙谈。张玄早已听说王忱才智过人，就主动和他攀谈。可是王忱却一言不发，神情冷淡。张玄见话不投机，就起身告辞了。

客人走后，范宁责怪王忱说："张玄也算是吴中杰出人物了，你为何不和他谈谈呢？"

王忱傲慢地说："他是来拜访你的，又不是来拜访我的，如果他真心想与我交往，可以来找我嘛！"

范宁见他如此狂妄，就半讽刺半开玩笑地说："哎呀！你如此风流俊逸，真是后起之秀，不可小瞧呀！”

王忱笑道：“没有您这样的舅舅，哪会有我这样的外甥呢？”

过了几天，范宁把外甥的话转告给张玄，张玄觉得王忱确实与众不同，便专程到王家拜访王忱，从此他们成了好朋友。

成语接龙

后起之秀 → 秀外慧中

→ 中流砥柱 → 柱小倾大 → 大江南北

→ 北辰星拱 → 拱手加额 → 额手称颂

→ 颂古非今 → 今愁古恨 → 恨穷发极

→ 急功近利 → 立竿见影 → 影影绰绰

看图猜成语

答案：请君入瓮

写一写

后	起	之	秀
后	起	之	秀
后	起	之	秀
后	起	之	秀

成语词典

后起之秀

释义 后来出现的或新成长起来的优秀人物。

近义词 青出于蓝　后来居上

反义词 一马当先　望尘莫及

造句 近年来，我国体育事业高速发展，涌现出大批后起之秀。

近水楼台

语出典籍

宋·俞文豹《清夜录》："范文正公镇钱塘，兵官皆被荐，独巡检苏麟不见录，乃献诗云：'近水楼台先得月，向阳花木易为春。'"

范仲淹是北宋著名的政治家、文学家，他自幼勤奋学习，读了不少书。后来，他官至吏部员外郎、龙图阁大学士，并曾镇守边疆，屡次制止了外族的侵略。不过，他为人却很谦和，能接近下属，这在当时是很难得的。

范仲淹任杭州知府时，城中文武官员大多受到过他的关心帮助，唯有一个叫苏麟的，因为在外县担任巡检，不在杭州城里，所以没有得到什么照顾。有一次，苏麟因事到杭州来见范仲淹，顺便献诗一首，其中有这样两句：

近水楼台先得月，

向阳花木易为春。

范仲淹看了，心中会意，便征询了他的意见，满足了他的要求。

近水樓臺先得月
向陽花木易爲春

成语接龙

近水楼台 → 台阁生风

风驰电逝 → 逝者如斯 → 斯文扫地

地塌天荒 → 荒唐谬悠 → 悠悠荡荡

荡产倾家 → 家喻户晓 → 晓以利害

害群之马 → 马足车尘 → 陈规滥调

看图猜成语

答案：热气腾腾

写一写

近	水	楼	台
近	水	楼	台
近	水	楼	台
近	水	楼	台

成语词典

近水楼台

释义 靠近水边的楼台能先见到月亮。比喻由于地处近便而获得优先的机会。

近义词 先睹为快　向阳花木

反义词 如臂使指　鞭长莫及

造句 一些官员利用职权，近水楼台，为自己谋私利。

咄咄怪事

语出典籍

南朝宋·刘义庆《世说新语·黜免》："殷中军被废在信安，终日恒书空作字。扬州吏民寻义逐之，窃视，唯作'咄咄怪事'四字而已。"

东晋时，有个名叫殷浩的人，爱好玄学，擅长谈论，在当时很有名气。晋康帝时，他接受建武将军之封，任扬州刺史，后又任中军将军，统管扬州、徐州等五个州的军事，官职不低。可是由于当时晋朝统治集团上层闹分裂，将领之间相互猜忌，加上北征后秦失利，殷浩最终还是被撤了职，并被流放到信安（今浙江衢州衢江），从此再未做过官。

虽说对于被贬黜（chù）一事，殷浩从未向人抱怨过，可人们总能看到，他老是伸出一个指头，对空画字。这引起了人们的好奇心。有好事者悄悄跟在他后边，细细琢磨他画的字，时间长了，后来终于弄清楚，原来是"咄（duō）咄怪事"这四个字。这时，人们才明白，殷浩对自己被撤职和流放一事，是深怀不满的。

只不过，作为权力斗争中的牺牲品，他不能公开道出自己的冤屈，也无处倾诉这种冤屈，所以只能整天对空画字，以泄怨愤罢了。

成语接龙

咄咄怪事 → 事烦食少

心腹之交 ← 费力劳心 ← 少慢差费

交口荐誉 → 誉满天下 → 下回分解

齿牙春色 ← 伶牙俐齿 ← 解铃系铃

色胆迷天 → 天地诛戮 → 戮力同心

看图猜成语

答案：日薄西山

写一写

咄	咄	怪	事
咄	咄	怪	事
咄	咄	怪	事
咄	咄	怪	事

成语词典

咄咄怪事

释义　形容不合常理、难以理解的怪事。

近义词　匪夷所思　莫名其妙　不可思议

反义词　顺理成章　合情合理　天经地义

造句　他做出的一连串咄咄怪事，让大家惊讶不已。

标新立异

语出典籍

南朝宋·刘义庆《世说新语·文学》："支道林在白马寺中，将冯太常共语，因及《逍遥》，支卓然标新理于二家之表，立异义于众贤之外。"

东晋时期，在建康（今江苏南京）东安寺有一个叫支道林的和尚。支道林俗姓关，出家后就改姓支，名遁（dùn），道林是他的字。他常与谢安、王羲之等名士交往，喜欢畅谈玄理，对《庄子》也很有研究。

晋代的名家向秀和郭象都曾为《庄子》作注，并且在社会上广泛流传。后来人们一谈起《庄子》，都纷纷引用向秀和郭象的注解。

有一次，支道林在洛阳白马寺同太常冯怀一起聊天。当谈到庄子的《逍遥游》时，支道林提出了一种新的见解，大大高于郭象、向秀的解释。其标新立异的见解，超出当时许多著名学者的认知水平。众人一听，都很惊异，但细想之下，又觉得颇有新意。

于是，后来人们就借用支道林的看法来解释《逍遥游》。

成语接龙

标新立异 → 异乎寻常

机关算尽 ← 泄露天机 ← 常备不懈

尽善尽美 → 美不胜收 → 收回成命

斗志昂扬 ← 才高八斗 ← 命世之才

扬眉吐气 → 气宇轩昂 → 昂首挺胸

看图猜成语

答案：如虎添翼

写一写

标	新	立	异
标	新	立	异
标	新	立	异
标	新	立	异

成语词典

标新立异

释义 通常指提出新的主张、见解或创造出新奇的样式。也形容故意以与众不同显示自己。

近义词 别出心裁　独树一帜　不落俗套　独辟蹊径

反义词 墨守成规　故步自封　人云亦云　老生常谈

造句 她就是爱标新立异，只要新潮服饰一上市，她必会买来穿在身上，也不管是否合适。

顾曲周郎

语出典籍

西晋·陈寿《三国志·吴书·周瑜传》："瑜少精意于音乐，虽三爵之后，其有阙误，瑜必知之，知之必顾。故时人谣曰：'曲有误，周郎顾。'"

吴国名将周瑜，任吴国都督，当时吴国人都习惯称他为"周郎"。他出身士大夫，帮助孙策建立了孙吴政权。孙策死后，周瑜与张昭一起辅助孙权执政。建安十三年（208 年），曹操挥师南下，周瑜和鲁肃坚决主战，并亲率吴军在赤壁大败曹兵。两年后，周瑜病死，死时只有三十六岁。

周瑜不但有卓越的政治和军事才能，而且对音乐也很精通，有很高的音乐鉴赏能力。

周瑜听人演奏的时候，即使在他多喝了几杯酒，有几分醉意的情况下，演奏有细微的差错，也一定逃不过他的耳朵。每当发现了错误，周瑜就用眼睛望一下演奏者，示意他演奏错了。当时有句歌谣说:“曲有误，周郎顾。”

后人把此歌谣提炼成“顾曲周郎”。

成语接龙

顾曲周郎 → 郎才女貌 → 貌不惊人 → 人急计生 → 生寡食众 → 众目共视 → 视有若无 → 无德而称 → 称斤掂两 → 两面二舌 → 舌剑唇枪 → 枪林弹雨 → 雨过天晴 → 晴云秋月

看图猜成语

□□□□

答案：如履薄冰

写一写

顾	曲	周	郎
顾	曲	周	郎
顾	曲	周	郎
顾	曲	周	郎

成语词典

顾曲周郎

释义 原指周瑜精于音乐，后泛指精通或爱好音乐戏曲的人。

近义词 知音识曲

反义词 对牛弹琴　五音不全

造句 他对音乐的喜爱达到了痴狂的程度，因此朋友们都以“顾曲周郎”称之。

洛阳纸贵

语出典籍

唐·房玄龄等《晋书·左思传》:“于是豪贵之家竞相传写,洛阳为之纸贵。”

西晋的文学家左思,出身贫苦,相貌丑陋,可是文章写得很好。他写一篇《齐都赋》,整整用了一年的时间,甚至为了写好《三都赋》,前后竟花了十年工夫。

所谓三都,是指三国时期的蜀国都城成都、吴国都城建业和魏国都城邺城。他亲自到这三座都城去调查、游览,收集了丰富的资料,积累了很多素材。

他经过反复修改,精心推敲,用了十年苦功,终于写成《三都赋》。他的文章构思奇巧,气魄雄伟,语言优美绮丽,充分表现出三座都城的美丽壮观,反映出中国古代光辉灿烂的文化成就。

《三都赋》问世以后,由于文章精彩,一传十,十传百,整个洛阳都轰动了。人们争相传抄,竟使洛阳的纸价一下子贵了起来。

洛陽紙號
三都賦

成语接龙

洛阳纸贵 → 贵戚权门 → 门可罗雀 → 雀小脏全 → 全盘托出 → 出谋献策 → 策无遗算 → 算减一升 → 升堂拜母 → 母慈子孝 → 孝子慈孙 → 孙庞斗智 → 志大才疏 → 书生意气

看图猜成语

答案：入木三分

写一写

洛	阳	纸	贵
洛	阳	纸	贵
洛	阳	纸	贵
洛	阳	纸	贵

成语词典

洛阳纸贵

释义 形容文章写得好，广为流传，连纸都涨价了。借指著作广泛流传，风行一时。

近义词 有口皆碑　有目共赏　交口称誉

反义词 敬而远之　粗制滥造

造句 这些作品也许都曾洛阳纸贵过，但平心而论并非最好。

捉襟见肘

语出典籍

《庄子·让王》："三日不举火，十年不制衣，正冠而缨绝，捉衿而肘见。"

孔子的弟子曾（zēng）参（shēn），很注意道德修养，每天都要反省自己。曾参住在卫国期间，由于贫寒，常常连续好几天不开锅做饭，简单弄些冷食过日子；十年来也没有添置过一件新衣服。他身上穿的那套衣服又破又小，只要稍一提起衣襟，胳膊肘就会露出来；头上戴的帽子也很破旧，稍不小心帽子上的系绳就会断裂；至于鞋子就更糟糕，穿时只要往上轻轻一拉，鞋帮子就会被扯破。

可是尽管如此，曾参仍能保持乐观开朗的心态，不怨天尤人，不自甘消沉。即使在这段艰苦的日子里，他也从不忘苦读诗书，提高自身修养，为此不止一次受到孔子的称赞。相传《大学》一书就是他写的。

成语接龙

捉襟见肘 → 肘腋之患

现买现卖 ← 忽隐忽现 ← 患生所忽

卖儿鬻女 → 女流之辈 → 背生芒刺

残暴不仁 ← 骨肉相残 ← 刺心切骨

仁者必寿 → 寿满天年 → 年方弱冠

看图猜成语

答案：三顾茅庐

写一写

捉	襟	见	肘
捉	襟	见	肘
捉	襟	见	肘
捉	襟	见	肘

成语词典

捉襟见肘

释义 拉一下衣襟就露出胳膊肘，形容衣服破烂。比喻顾此失彼，穷于应付。

近义词 顾此失彼　入不敷出　百孔千疮　衣衫褴褛

反义词 绰绰有余　完美无缺

造句 他家经济状况很糟糕，已经到了捉襟见肘的地步。

乘兴而来

语出典籍

唐·房玄龄等《晋书·王徽之传》："人问其故，徽之曰：'本乘兴而行，兴尽而反，何必见安道邪？'"

王徽之是东晋时的大书法家王羲之的第五子，生性高傲，行为豪放不羁。虽说在朝做官，却常常到处闲逛，对官衙内的日常事务并不上心。后来，他干脆辞去官职，隐居在山阴（今浙江绍兴），天天游山玩水，喝酒吟诗。

有一年冬夜，王徽之推开窗户，见到四周白雪皑（ái）皑，真是美极了，顿时兴致勃勃地取来酒菜，独自一人坐在庭院里慢斟细酌起来。

忽然，他觉得此景此情，如能伴有悠悠的琴声，那就更美妙了。于是他想起了那个会弹琴作画的朋友戴逵。

"嘿，我何不马上去见他呢？"于是，王徽之马上叫仆人备船挥桨，连夜前往，全然不顾路途有多远。

王徽之催促着仆人把船再撑得快点儿，心里恨不得早点见到戴逵，共赏美景。

船整整行驶了一夜，拂晓时，终于到了目的地。可王徽之却突然要仆人撑船回去。仆人诧异地问他为何不上岸去见戴逵，只见王徽之淡淡一笑，说：“我本来是乘兴而来的，如今兴致没有了，当然应该回去，何必一定要见戴逵呢？”

成语接龙

乘兴而来 → 来日方长

长算远略 → 略高一筹 → 愁绪如麻

麻姑掷豆 → 豆剖瓜分 → 分寸之末

末路之难 → 难如登天 → 天人相感

感人至深 → 深入人心 → 心慌意乱

看图猜成语

答案：三头六臂

写一写

乘	兴	而	来
乘	兴	而	来
乘	兴	而	来
乘	兴	而	来

成语词典

乘兴而来

释义 趁着兴致来。乘：趁，因。兴：兴致，兴趣。

近义词 兴之所至

反义词 败兴而归

造句 对于远道而来的参观者，我们要仔细讲解，热情接待，不能让人乘兴而来，败兴而归。

胸有成竹

语出典籍

北宋·苏轼《文与可画筼筜谷偃竹记》："故画竹必先得成竹于胸中，执笔熟视，乃见其所欲画者，急起从之，振笔直遂。"

宋代的大文学家苏轼（苏东坡），不但文章和诗词写得好，而且书画很出色。苏轼一生在政治上很不得意，他作画不过是发泄"怒气"，自求陶醉，并没有什么目的。

当时，宋徽宗是一个喜爱书画的皇帝，苏轼屡遭贬官降职之后，这个风雅的皇帝便让他担任玉局观提举。苏轼在观里比较清闲，就大画墨竹，绘画技法也因此大有提高。

苏轼曾写过一篇《文与可画筼（yún）筜（dāng）谷偃竹记》，介绍画竹的经验："画竹必先得成竹于胸中。"这就是说，画竹的画家在动笔之前一定要酝酿成熟，先有一个生动具体的竹子形象在心胸里，这样画出来的竹子才生动。

成语接龙

胸有成竹 → 竹柏异心 → 心向往之 → 之死靡他 → 他乡故知 → 知来藏往 → 往返徒劳 → 劳燕分飞 → 飞蛾扑火 → 火树银花 → 花言巧语 → 语重心长 → 长话短说 → 说三道四

看图猜成语

答案：杀鸡儆猴

写一写

胸	有	成	竹
胸	有	成	竹
胸	有	成	竹
胸	有	成	竹

成语词典

胸有成竹

释义 原指在画竹子之前，心里就有一幅竹子的形象。后比喻在做事之前已经拿定主意。

近义词 成竹在胸　胜券在握　心中有数

反义词 心慌意乱　惊慌失措　茫无头绪

造句 对于这次考试，我胸有成竹。

离群索居

语出典籍

《礼记·檀弓上》："吾离群而索居，亦已久矣。"

孔子有一个学生名叫子夏。他生性孤僻，平日很少和其他同学交流，只和曾参比较要好。

有一年，子夏的儿子死了，他哭得十分伤心，甚至差一点把眼睛哭瞎了。

一天，曾参到子夏家中去看望他。子夏十分伤心地哭着说："天哪！我又没有什么过错，为什么要给我这么严厉的惩罚，夺走了我儿子的生命呢？"

曾参听了说："子夏兄，你不必责怪老天。我认为，你应该责怪自己。你不是没有过错，而是过错很大！"

子夏吃惊地问："我有什么过错呢？"

"好吧，我告诉你。以前我和你一起侍奉老师，后来你告老回到西河，却让当地人把你比作老师，这是你的第一个过错；你的父母去世，老百姓居然都没听说过，这是你的第二个过错；你因儿子死了就要哭瞎眼睛，这是你的第三个过错。”

子夏听后如梦初醒，反省道：“我离群索居已经很久了，所以听不到朋友的忠告，才会犯如此大的过错。今后，我一定要加以改正！”

从这以后，子夏果然努力和同学们打成一片，不再离群索居了。

成语接龙

离群索居 → 居功自满 → 满门抄斩 → 斩尽杀绝 → 绝顶聪明 → 明月入怀 → 怀土之情 → 情见乎言 → 言不二价 → 价值连城 → 城北徐公 → 公听并观 → 观望不前 → 前瞻后顾

看图猜成语

答案：杀鸡取卵

写一写

离	群	索	居
离	群	索	居
离	群	索	居
离	群	索	居

成语词典

离群索居

释义 远离人群，自己一个人居住，泛指不合群。

近义词 孤苦伶仃　孤家寡人

反义词 和睦相处　和衷共济　精诚团结

造句 他个性孤僻，一向离群索居。

内 容 提 要

这是一套给孩子看的彩绘版《典籍中的成语故事》，共有10册，每册一个主题，分别为爱国爱民篇、智慧谋略篇、远见卓识篇、人生百态篇、奇闻趣事篇、士林趣话篇、品格节操篇、巧言妙语篇、奋斗践行篇、说情解意篇。本书成语皆出自不同的典籍，以典籍中的故事来讲述成语；同时设置“成语接龙”“看图猜成语”“成语词典”等小板块，激发孩子对成语的学习兴趣，提高孩子的写作能力，让孩子开阔眼界，提高语言表达能力。

图书在版编目（CIP）数据

典籍中的成语故事．士林趣话篇 / 新新世纪编著．-- 北京 ：航空工业出版社，2022.6

ISBN 978-7-5165-3057-3

Ⅰ．①典… Ⅱ．①新… Ⅲ．①汉语－成语－故事－少儿读物 Ⅳ．①H136.31-49

中国版本图书馆CIP数据核字（2022）第086390号

典籍中的成语故事·士林趣话篇

Dianjizhongde Chengyugushi · Shilinquhua Pian

航空工业出版社出版发行

（北京市朝阳区京顺路5号曙光大厦C座四层　100028）

发行部电话：010-85672688　010-85672689

三河市双升印务有限公司印刷　　全国各地新华书店经售

2022年6月第1版　　2022年6月第1次印刷

开本：710×1000　1/16　　字数：16千字

印张：4.5　　定价：188.00元（全10册）

咪奇熊®
MIQIXIONG

典籍中的成语故事

品格节操篇

新新世纪◎编著

航空工业出版社
北京

前言

在浩如烟海的典籍中，成语作为中华语言的精华、文明的积淀、历史的浓缩、智慧的结晶，成为传承中华文明的重要载体。时至今日，仍有大量的成语在被广泛使用，散发着永恒的魅力。

同时，成语也是小学生语文的必修内容。在作文写作中，恰当地运用成语，可以使文章熠熠生辉；在口头表达中，则可以使你的语言更富有感染力。因此，熟练掌握和运用成语，不仅能达到言简意赅的效果，同时也是衡量一个人文字功底、文化素养以及语言表述能力的重要标尺。

本套书将成语按主题分为10册，收录了170则成语和与之一一对应的成语故事。书中除了讲述故事，还有成语的出处、释义、近义词、反义词、造句示例，让小读者既明其义、会使用，又知其源，了解其中所蕴含的丰富文化意义；同时还设置了小朋友喜欢的成语接龙和看图猜成语板块。在游戏中记住成语何乐而不为？文中配有近500幅精美插图，使故事生动活泼，引人入胜。

现在，就让我们翻开本书，一起走进成语故事的世界，去品味中华语言文化的博大精深和妙趣横生吧！

目录

一诺千金

语出典籍

西汉·司马迁《史记·季布栾布列传》:“楚人谚曰:‘得黄金百斤,不如得季布一诺。’”

秦朝末年的季布,性格耿直,又肯帮助人,凡是他答应过的事,从不违约。因此,他受到很多人的称赞。当季布在项羽麾下带兵时,曾好几次打败了刘邦,后来项羽被围自杀而亡,刘邦做了皇帝后就悬赏缉拿季布。义士朱家说服刘邦的老朋友汝阴侯夏侯婴为季布说情。刘邦在夏侯婴的劝说之下撤销了对季布的通缉令,并封季布做郎中,不久又让他做河东太守。

当时有一个叫曹丘生的人,是季布的同乡,专爱结交权贵,季布一向看不起他。听说季布做了大官,曹丘生特地请窦长君写信介绍他去见季布。

可是季布一见到曹丘生,便露出厌恶的神情,但善辩的曹丘生却深深作揖,并且说了一大堆恭维的话。他说:“楚人常言‘得黄金百斤，不如得季布一诺’。你在梁、楚一带的名声为何如此之大？这都是我替你到处宣扬的结果啊！而你为何要拒绝我呢？”

季布听了这段话，非常高兴，便把曹丘生当作上宾来招待。据说，曹丘生住了几个月才走。临走时，季布还送了他一份厚礼。后来，曹丘生继续替季布宣扬，季布的名声也就越来越大。

成语接龙

一诺千金 → 金口玉言

方正贤良 ← 教导有方 ← 言传身教

良辰美景 → 景星庆云 → 云消雾散

雨后春笋 ← 牛毛细雨 ← 散马休牛

损兵折将 → 将遇良才 → 才高八斗

看图猜成语

答案：身无分文

写一写

一	诺	千	金
一	诺	千	金
一	诺	千	金
一	诺	千	金

成语词典

一诺千金

释义 指许下的一个诺言有千金的价值，比喻说话算数，极有信用。

近义词 一言为定　言而有信　一言九鼎　说一不二

反义词 空头支票　自食其言　言而无信

造句 他是一个一诺千金的人，不会食言的！

一笔勾销

语出典籍

南宋·朱熹《五朝名臣言行录》第七卷："公取班簿，视不才监司，每见一人姓名，一笔勾之，以次更易。"

范仲淹是北宋时苏州吴县（今江苏苏州）人。在宋真宗大中祥符年间考中进士，历任右司谏、吏部员外郎、知州、枢密副使等职。

庆历三年（1043 年），范仲淹被任命为参知政事（即副宰相），和志同道合的韩琦和富弼等一起，进行了一场以改善吏治为中心的改革。他取来官员名册，一个个检查他们的任职情况，凡是不称职的官员，他都在名册上一笔勾销了他们的职务。空出的职位，则从下一级能够胜任的官员中委任。

富弼见他毫不留情，便说："你用笔一勾，就撤掉了他们的职务。他们一家人都要伤心得痛哭了！"

范仲淹说："他一家人哭，总比他们祸害千家万户，让那些人家全部悲哭好得多吧！"

然而，由于新政触犯了当时贵族官僚的利益，遭到了强烈的反对，推行一年多新政便夭折了，范仲淹也被罢免参知政事一职，改为资政殿学士，兼任四路宣抚使。就在这之后，他写下了“先天下之忧而忧，后天下之乐而乐”的千古名句。

成语接龙

一笔勾销 → 销声匿迹

文武双全 ← 下笔成文 ← 寄人篱下

全力以赴 → 赴汤蹈火 → 火树银花

长治久安 ← 语重心长 ← 花言巧语

安居乐业 → 业精于勤 → 勤学苦练

看图猜成语

答案：手不释卷

写一写

一	笔	勾	销
一	笔	勾	销
一	笔	勾	销
一	笔	勾	销

成语词典

一笔勾销

释义 指把账一笔抹掉。常用来比喻把一切完全取消或再也不提往事。

近义词 一笔抹杀

反义词 旧事重提

造句 过去的事就一笔勾销了吧，让我们重新开始。

人死留名

语出典籍

北宋·欧阳修《新五代史·王彦章传》："彦章武人，不知书，常为俚语谓人曰：'豹死留皮，人死留名。'"

五代时期，梁朝名将王彦章，作战时爱使一杆铁枪，跃马在沙场之上，如入无人之境，被誉为"王铁枪"。

王彦章年轻时跟随梁太祖朱温征战南北，屡建奇功，深得朱温的赏识和器重。末帝朱友贞继位后，朝廷大权被一伙奸臣把持，不重用王彦章，因而梁地连连失守。后来，晋军攻破梁的郓（yùn）州城，深入梁的腹地，梁朝举国上下惊恐万分。

这时，末帝听取了宰相敬翔的建议，任命王彦章为招讨使，率军迎敌。王彦章带领精锐人马，只用了三天时间就攻克了滑州。可是梁军的后援不力，王彦章的人马终因寡不敌众而失利。末帝听信了谗言，下令撤去了王彦章的兵权。

不久，后唐军发兵攻梁，直趋梁的重地兖（yǎn）州。末帝见势不妙，不得不重新起用王彦章。当时，梁的强兵都归属段凝，京城中只有五百名保卫皇帝车驾的骑兵，且都是刚招募的士兵，毫无作战能力；兖州一战，王彦章再次失利，身负重伤，被后唐军俘获。

后唐庄宗劝诱王彦章归顺。王彦章大义凛然地说："我是梁朝的大臣，承受皇帝的恩泽，虽死不能相报，岂能替唐朝（后唐）效力？梁人常说：'豹死留皮，人死留名。'如果我向你屈膝投降，就要遭后人唾（tuò）骂了。我王彦章是顶天立地的大丈夫，决不苟且偷生！"不久，王彦章便被杀害了。

成语接龙

人死留名 → 名重当时 → 时不可失 → 失足落水 → 水来土掩 → 掩鼻而过 → 过关斩将 → 将勇兵强 → 强弩之末 → 末路穷途 → 图穷匕见 → 现身说法 → 法不责众 → 众叛亲离

看图猜成语

答案：守株待兔

写一写

人	死	留	名
人	死	留	名
人	死	留	名
人	死	留	名

成语词典

人死留名

释义 指人生前建立了功绩，死后可以传名于后世。

近义词 千载扬名　永垂不朽　千古留名　流芳百世

反义词 遗臭万年　默默无闻　臭名昭著

造句 雁过留声，人死留名，人活一辈子，确实应该留下个好名声。

三省吾身

语出典籍

《论语·学而》："曾子曰：'吾日三省吾身，为人谋而不忠乎？'"

孔子的学生曾参，年纪虽小，却勤奋好学，深得孔子的喜爱。

一天，同学们问他："你为什么进步这么快呀？"

曾参说："我每天都要多次问自己，替别人办的事情有没有尽力啊？与朋友交往有没有不诚实的地方啊？先生教我的学业是不是复习了呢……如果发现哪里做得不对，我就及时改正。就这样慢慢养成了习惯！"

成语接龙

三省吾身 → 身无寸缕

缕析条分 → 分钗劈凤 → 凤愁鸾怨

怨气冲天 → 天人相感 → 感今惟昔

昔阳古道 → 道骨仙风 → 风口浪尖

尖言冷语 → 语言无味 → 味同嚼蜡

看图猜成语

答案：熟能生巧

写一写

三	省	吾	身
三	省	吾	身
三	省	吾	身
三	省	吾	身

成语词典

三省吾身

释义 原指每日从三个方面检查自己，后指多次自觉地反省自己。省：检查、反省。身：自身。

近义词 一日三省　吾日三省

反义词 马马虎虎

造句 我们要养成三省吾身的习惯，努力完善自己。

小鸟依人

唐朝初年，唐太宗任命褚遂良为谏议大夫。一天，唐太宗故意问他：“你每天都要记载我的言行起居，我可不可以阅读啊？”

褚遂良答道：“自古以来，帝王的言行善恶都要如实地记载下来，但没听说过皇帝自己可以过目的。”

“那如果我有什么不好的地方，你也照记不误吗？”

褚遂良又答道：“凡是皇上有过的言行，我都得写上。”

唐太宗一次对司徒长孙无忌说：“我听说君主贤明，大臣们就刚直不阿，人就怕缺少自知之明。你们常当面与我争论不休，评论我的功过得失，今天我也要评一评你们的长处与短处。”

语出典籍

后晋·刘昫《旧唐书·长孙无忌传》：“褚遂良学问稍长，性亦坚正，既写忠诚，甚亲附于朕，譬如飞鸟依人，自加怜爱。”

唐太宗先评价了长孙无忌，说他注意避嫌，才思敏捷，但带兵打仗不行；又评价了高士廉，说他遇到危难不变节，平日做官不结党营私，但不敢直谏；最后谈到褚遂良，说："遂良的学问大有长进，性格也很刚正，对朝廷坚贞不渝，对我很有感情，平日里一副飞鸟依人的模样，不由我不怜爱他呀！"

唐太宗临终前，指着褚遂良和长孙无忌对太子说："这两人都是忠臣，只要他们在，你就可以放心。"

成语接龙

小鸟依人 → 人同此心

心花怒放 → 放虎归山 → 山穷水尽

尽忠报国 → 国困民穷 → 穷凶极恶

恶贯满盈 → 盈盈秋水 → 水落石出

出神入化 → 化为乌有 → 有口无心

看图猜成语

答案：水落石出

写一写

小	鸟	依	人
小	鸟	依	人
小	鸟	依	人
小	鸟	依	人

成语词典

小鸟依人

释义 像小鸟那样依傍着人。形容少女或小孩娇小可爱的样子。依：依恋。

近义词 楚楚可怜

反义词 面目可憎

造句 她平日小鸟依人，撒起娇来更是妩媚可爱。

马革裹尸

语出典籍

南朝宋·范晔《后汉书·马援传》："男儿要当死于边野，以马革裹尸还葬耳，何能卧床上在儿女子手中邪？"

东汉建武二十年（44年），大将马援在边疆打仗得胜回朝，快到京城洛阳时，便见大路两边站满了前来迎接的人群。

人群中有一位叫孟冀的人，他是马援的故友，在迎接时，对马援说了许多恭维的话，其意无非是此番得胜还朝，皇上定有封赏，从此高官厚禄，再也不用愁。谁知马援听了，脸一下子就沉了下来。他对孟冀说："当今天下并不太平，匈奴和乌桓不时地侵扰北方边疆，我想的是外患未除，应主动请战，杀退敌人。大丈夫应当有血洒疆场的准备，哪怕马革裹尸也在所不惜，怎么能效仿那些无用的懦夫，赖在家中与儿女打闹逗乐呢？"

孟冀不禁又羞又愧，由衷地叹道："作为一个志士，应该有马援的雄心。与之相比，像我这样的人实在太没出息了。"

成语接龙

马革裹尸 → 尸横遍野

素面朝天 ← 训练有素 ← 野性难驯

天不作美 → 美轮美奂 → 患难之交

鹤处鸡群 ← 深沟大壑 ← 交浅言深

群策群力 → 力所能及 → 急人所难

看图猜成语

答案：顺藤摸瓜

写一写

马	革	裹	尸
马	革	裹	尸
马	革	裹	尸
马	革	裹	尸

成语词典

马革裹尸

释义 用马皮将尸体包起来。形容战死沙场，无棺盛殓。一般指为正义的事业而牺牲在战场上。

近义词 战死沙场　粉身碎骨　肝脑涂地　赴汤蹈火

反义词 临阵脱逃

造句 作为军人，应以马革裹尸为荣。

不耻下问

语出典籍

《论语·公冶长》："敏而好学，不耻下问。"

春秋时期，卫国大夫孔圉（yǔ）由于谦虚好学，卫国国君在他死后特别赐给他一个"文"的称号，人们尊称他为"孔文子"。

孔子的学生子贡，也是卫国人。他认为孔圉不应得到那样高的评价。有一次，他问孔子凭什么赐给孔圉"文"的称号。

孔子回答说："孔圉非常勤奋好学，聪明灵活，而且经常不耻下问，所以赐给他一个'文'的称号。"

经过孔子这样一解释，子贡这才服气。

成语接龙

不耻下问 → 问鼎中原 → 原原本本 → 本来面目 → 目不给视 → 视为儿戏 → 戏蝶游蜂 → 蜂媒蝶使 → 始料不及 → 及第成名 → 名不虚立 → 利令智昏 → 昏昏沉沉 → 沉默寡言

看图猜成语

答案：天马行空

写一写

不耻下问

不耻下问

不耻下问

不耻下问

成语词典

不耻下问

释义 不以向比自己学识差或地位低的人请教为可耻。形容虚心求教。不耻：不以……为可耻。

近义词 不矜不伐　谦虚谨慎

反义词 自以为是　好为人师　自高自大

造句 我们学习上要有不耻下问的精神，善于并且乐于向别人学习。

无所适从

语出典籍

唐·李百药《北齐书·魏兰根传》："此县界于强虏，皇威未接，无所适从，故成背叛。"

北朝齐国的魏兰根，相貌奇伟，卓有见识，机警而有才能。

魏兰根的母亲去世后，要葬在常山郡境内。当地有一个董卓的祠庙，祠堂周围长了一片柏树。魏兰根说："董卓活着时是奸臣，他的祠堂不该保存下来。"就命人把柏树全部砍伐干净，给他母亲做了棺材。别人劝他这样做恐怕会不吉利，魏兰根置之不理。

有一年，秦陇一带闹饥荒，可官府却丝毫不肯减轻赋税，结果发生了农民起义。朝廷命令行台萧宝夤（yín）带兵讨伐起义军占据的宛川，当时任岐州刺史的魏兰根，也跟随萧宝夤的部队作战。

很快，起义军失败了，宛川城被攻陷，官军抓获了大批俘虏。萧宝夤从中挑选了十名美女赏给魏兰根做奴婢。魏兰根很不赞成，说："宛川县地处偏远，地头蛇势力很强，皇室的恩威则比较薄弱，因此老百姓才感到无所适从，结果误入歧途，卷入了叛乱之中。如今朝廷应该总结经验教训，对他们采取怀柔政策：百姓饥寒，朝廷应该给他们送衣送粮，关心感化他们，怎么可以让他们充当奴仆呢？"于是他把这些女子全部遣回家乡。

成语接龙

无所适从 → 从中作梗 → 梗迹萍踪 → 踪迹诡秘 → 秘而不言 → 言语道断 → 断章取义 → 意气自若 → 若烹小鲜 → 鲜衣怒马 → 马不停蹄 → 提心吊胆 → 胆大包天 → 天旋地转

看图猜成语

答案：图穷匕见

写一写

无	所	适	从
无	所	适	从
无	所	适	从
无	所	适	从

成语词典

无所适从

释义 不知跟从哪一个好。比喻不知怎么办才好。适：往。从：跟随。

近义词 不知所措　进退失据　莫衷一是

反义词 择善而从

造句 父母要言行一致，否则孩子会无所适从。

开诚布公

语出典籍

西晋·陈寿《三国志·蜀书·诸葛亮传论》：“诸葛亮之为相国也……开诚心，布公道。”

三国时期，诸葛亮决定攻打魏国，于是先派人去守住重镇街亭。参军马谡（sù）立下军令状，要求带兵去守街亭。诸葛亮答应了马谡的请求。然而马谡刚愎（bì）自用，不听副将王平的劝告，结果街亭失守。亏得诸葛亮在城门设了“空城计”，才渡过了司马懿（yì）重兵压境的危局。事后，诸葛亮挥泪斩马谡。

当行刑的武士提着马谡的脑袋来回复诸葛亮时，诸葛亮痛哭了一场。在一旁的蒋琬（wǎn）此时疑惑不解，诸葛亮向他坦述了自己的心里话：“我并不是为马谡的死而哭，而是为我没有听从先帝临终前的劝告‘马谡这人说话言过其实，不可重用’，而造成了这样大的损失而哭，我真痛恨自己糊涂啊！”

诸葛亮将马谡斩首示众，以此来教育官兵，然后又叫人将马谡的脑袋与尸身用针缝上，殓（liàn）入棺材。他亲自写了祭文悼念马谡，隆重地为马谡举行了祭祀。他又去安慰马谡的子女，按时发给他们优厚的抚恤金。这一切都安排妥帖后，诸葛亮就向后主刘禅去请求降职，以惩罚自己错用马谡的罪过。

诸葛亮的一生时时处处以这种真诚、坦率、无私的言行待人处世，所以《三国志》里用“开诚心，布公道”的评语来赞美他。后来人们就把这个赞语简化为成语“开诚布公”。

成语接龙

开诚布公 → 公门桃李 → 李广未封 → 封金挂印 → 印累绶若 → 若无其事 → 事与愿违 → 唯利是图 → 图文并茂 → 茂林修竹 → 竹马之交 → 交浅言深 → 深入浅出 → 出神入化

看图猜成语

答案：兔死狐悲

写一写

开 诚 布 公

开 诚 布 公

开 诚 布 公

开 诚 布 公

成语词典

开诚布公

释义 指以诚心待人，坦白无私；也指交换意见时持真诚坦率的态度。

近义词 推诚相与　肝胆相照　待人以诚

反义词 尔虞我诈　巧言令色　钩心斗角

造句 她这一番开诚布公的话，证实了她对他的心意。

甘之如饴

语出典籍

南宋·文天祥《正气歌》诗："鼎镬甘如饴，求之不可得。"

南宋末年，文天祥抗元，因力量悬殊，不幸被捕。元将张弘范劝他投降，文天祥不为所动，元朝统治者就将他关在一间土牢里。文天祥被关的这间牢房，又矮又窄，阴暗潮湿。遇到下雨天，屋子漏得满地是水，泥泞不堪；到了夏天，又闷又热，地上墙脚发出一阵阵的霉味和粪便的臭气，使人十分难受。

文天祥被关了整整三年，经历了一切威逼利诱，受尽了各种折磨，可是他杀身成仁、尽忠报国的决心始终没有动摇。他在牢中写下了一首传诵千古的《正气歌》。

在诗里，文天祥叙述了自己抗击元军的艰苦经历，提到了历史上许多为了坚持正义事业而不惜献身的英雄人物。诗里有两句说："鼎镬（huò）甘如饴，求之不可得。"意思是说：为了坚持崇高的民族气节，即使把我放到鼎镬里去烹煮，我也会感到像喝糖浆一样甜！正求之不得，绝不会畏惧屈服！

元朝皇帝忽必烈见刑罚利诱全都无用，就下令杀害了文天祥。但是，文天祥的这两句诗，却感动和鼓舞了后世的仁人志士为理想而英勇献身。

“甘之如饴”这个成语，也就这样留传下来了。

成语接龙

甘之如饴 → 饴含抱孙

欺贫爱富 ← 雪压霜欺 ← 孙康映雪

富贵骄人 → 人杰地灵 → 灵丹妙药

会心一笑 ← 除残去秽 ← 药到病除

笑里藏刀 → 刀山火海 → 海誓山盟

看图猜成语

答案：退避三舍

写一写

甘	之	如	饴
甘	之	如	饴
甘	之	如	饴
甘	之	如	饴

成语词典

甘之如饴

释义 比喻像糖一样甜，也用来表示乐于承受艰难、痛苦。甘：甜，情愿之意。饴：饴糖。

近义词 何乐不为　甘心情愿　甘心如芥

反义词 悔之无及　苦不堪言　欲罢不能

造句 在别人眼里，他的工作很苦很累，他却甘之如饴。

礼贤下士

语出典籍

北宋·欧阳修等《新唐书·李勉传》："其在朝廷，鲠亮谦介，为宗臣表，礼贤下士有始终，尝引李巡、张参在幕府。"

唐朝的宗室后代李勉，廉洁方正，从地方官一直升到宰相。他在担任考察州县官吏政绩的观察使时，发现一个名叫王晬（zuì）的武官为人正直，非常能干，便让他代理县令的职务。

不久，王晬遭到权贵的诬陷，唐肃宗颁下诏书，要李勉处死王晬。然而李勉没有马上处死王晬，而是连夜上奏章，请求朝廷赦免他。

唐肃宗接到奏章后，免去王晬死罪。但是，李勉也因执行圣旨不力而被召回京师发落。

李勉进京后，向唐肃宗面奏王晬是无罪的，现在朝廷要任用的就是像王晬这样正直能干的人。肃宗了解了全部情况后，对李勉坚持正义、保护贤才的做法予以肯定，授他掌管宗庙礼仪的太常少卿之职，并任命王晬为县令。王晬到任后，为官清正，办事公道，很受百姓爱戴。朝中大臣也都称赞李勉能识别人才和爱惜人才。

后来，李勉担任节度使，听人说李巡、张参这两个人相当有才学，便请他俩来辅助自己办理公务。李勉并不因为这两位名士是自己的下属而摆架子，而是始终以礼相待。凡有宴饮，总要请他们出席。

不幸的是，李巡、张参两人不久先后去世。李勉非常怀念他们，每逢宴请宾客时，总要设两个空位，照常摆着酒菜，就像他俩还活着似的。

不仅是对李巡、张参那样的贤才，就是对普通士兵，李勉也是以礼相待，爱护备至，所以在他手下当差的人，都愿意为他尽力。

后世对李勉的品格和为人十分推崇，特别是对他尊重有才德的人、有礼貌地对待地位低下的人的行为，更是长久地称赞。

成语接龙

礼贤下士 → 士死知己

己溺己饥 → 饥焰中烧 → 烧琴煮鹤

鹤亦败道 → 道长争短 → 短斤少两

两害相权 → 全力以赴 → 赴汤蹈火

火中取栗 → 力不从心 → 心甘情愿

看图猜成语

答案：万马奔腾

写一写

礼	贤	下	士
礼	贤	下	士
礼	贤	下	士
礼	贤	下	士

成语词典

礼贤下士

释义 指对有才有德的人以礼相待，不计自己的身份去结交。现多指社会地位高的人重视和招揽人才。

近义词 吐哺握发　三顾茅庐

反义词 盛气凌人　傲世轻才

造句 他虽身居高位，但谦恭屈己，礼贤下士。

杀身成仁

语出典籍

《论语·卫灵公》：“志士仁人，无求生以害仁，有杀身以成仁。”

有一次，弟子向孔子请教说：“先生，您讲的仁德，确实是一种美德，我很想得到，但活在世上也是我的欲望。假如仁德与生命两者发生冲突，该怎样处理呢？”

孔子说：“凡是真正的志士仁人，都不会因为贪生怕死而损害了仁德。我们应该做的是勇于牺牲自己的性命，来成全仁德。”

孔子的学生子贡又问道：“仁德一定是很难得到的吧？我们应当怎样去培养它呢？”

孔子说：“培养仁德可以从头做起。比如说，工匠要做好他的活计，必须先有得心应手的工具；对于一个国家来说，应该选择大夫中的贤者去敬奉；对于自己来说，就应该挑选士人当中的仁者交朋友，这样才会培养起仁德来。”

仁

成语接龙

杀身成仁 → 仁者乐山

山南海北 → 北门之叹 → 叹为观止

止戈为武 → 武不善作 → 作壁上观

观者如市 → 市井小人 → 人山人海

海阔天空 → 空穴来风 → 风起云涌

看图猜成语

答案：揠苗助长

写一写

杀	身	成	仁
杀	身	成	仁
杀	身	成	仁
杀	身	成	仁

成语词典

杀身成仁

释义 指为成就仁德而牺牲生命。后泛指为了维护正义事业而舍弃自己的生命。

近义词 成仁取义　舍生取义

反义词 苟且偷生　贪生怕死

造句 历史上有多少刚毅之士，为了进步事业而杀身成仁。

众醉独醒

战国时期，有一次，左徒屈原替楚怀王制定法令，还没有修改好时，刚巧被大臣靳（jìn）尚看见了，他想请屈原说这是他拟定的，但被屈原拒绝。因此靳尚怀恨在心，经常到楚怀王面前去挑拨是非，说了屈原许多坏话。楚怀王竟听信了他的谗言，不久罢免了屈原的官职，让他担任三闾大夫。

这件事使屈原很痛心。于是，屈原写下了《离骚》，想借此感动楚怀王，使他回心转意，却没有收到效果。后来，楚怀王中了秦国的离间计，和齐国断绝了邦交，并和秦国打起仗来，结果楚国被打得大败。

语出典籍

战国·屈原《渔父》：“举世皆浊而我独清，众人皆醉而我独醒，是以见放。”

屈原虽不在朝中，但还心挂着国事，几次想回来，靳尚又在楚怀王的儿子顷襄王面前说他的坏话，屈原又被放逐到沅（yuán）湘流域。

有一日，屈原到了湖南汨（mì）罗江边，他披散着头发，面色憔悴，在江边吟诗。当时有个渔夫看见了，便问他怎么沦落到如此地步，屈原便说："举世皆浊而我独清，众人皆醉而我独醒。"

成语接龙

众醉独醒 → 醒聩震聋

聋者之歌 → 歌楼舞馆 → 管鲍之交

交口称赞 → 赞不绝口 → 口无遮拦

兰心蕙质 → 志士仁人 → 人琴俱亡

亡羊补牢 → 牢不可破 → 破门而入

看图猜成语

答案：掩耳盗铃

写一写

众	醉	独	醒
众	醉	独	醒
众	醉	独	醒
众	醉	独	醒

成语词典

众醉独醒

释义 指众人都昏醉，唯独自己保持清醒。比喻超凡脱俗，不随波逐流。

近义词 愤世嫉俗

反义词 随俗浮沉

造句 在这一片荒芜中，唯有一株花树，众醉独醒般开得热闹。

衣不解带

语出典籍

南朝宋·刘义庆《世说新语·排调》："仲堪父尝疾患经时，仲堪衣不解带数年。"

殷仲堪是晋代陈郡人，出身于官宦人家。殷仲堪自幼聪颖好学，对《道德经》一书倒背如流，经常说只要三天不读《道德经》，便会觉得口舌僵硬，不能自如。此事作为奇闻流传各地。

镇守京口的大将军谢玄十分器重殷仲堪，请他做官，被他拒绝了。在给谢玄的信中，殷仲堪情真意切地诉说了战争给百姓带来的骨肉离散之痛，希望朝廷能以仁义来对待百姓。谢玄阅后十分感动，越发敬重他，并采纳了他的谏言。

殷仲堪担任晋陵太守时，严令整饬（chì）当地风气，因此，晋陵尊老爱幼蔚然成风，并以"礼义之乡"著称。

后来，殷仲堪的父亲得了一种怪病：一点点细微的声音都被他听成巨响，身体因此渐渐衰弱，以致一病不起，四处求医无效。

殷仲堪万分焦急，于是决定亲自攻习医学，衣不解带、日以继夜地研究其精妙。有一次，因手上沾有药物去擦眼泪，导致他的一只眼睛失明了。殷仲堪的孝名也因此传扬天下。殷仲堪的父亲死后，孝武帝召他为太子中庶子。

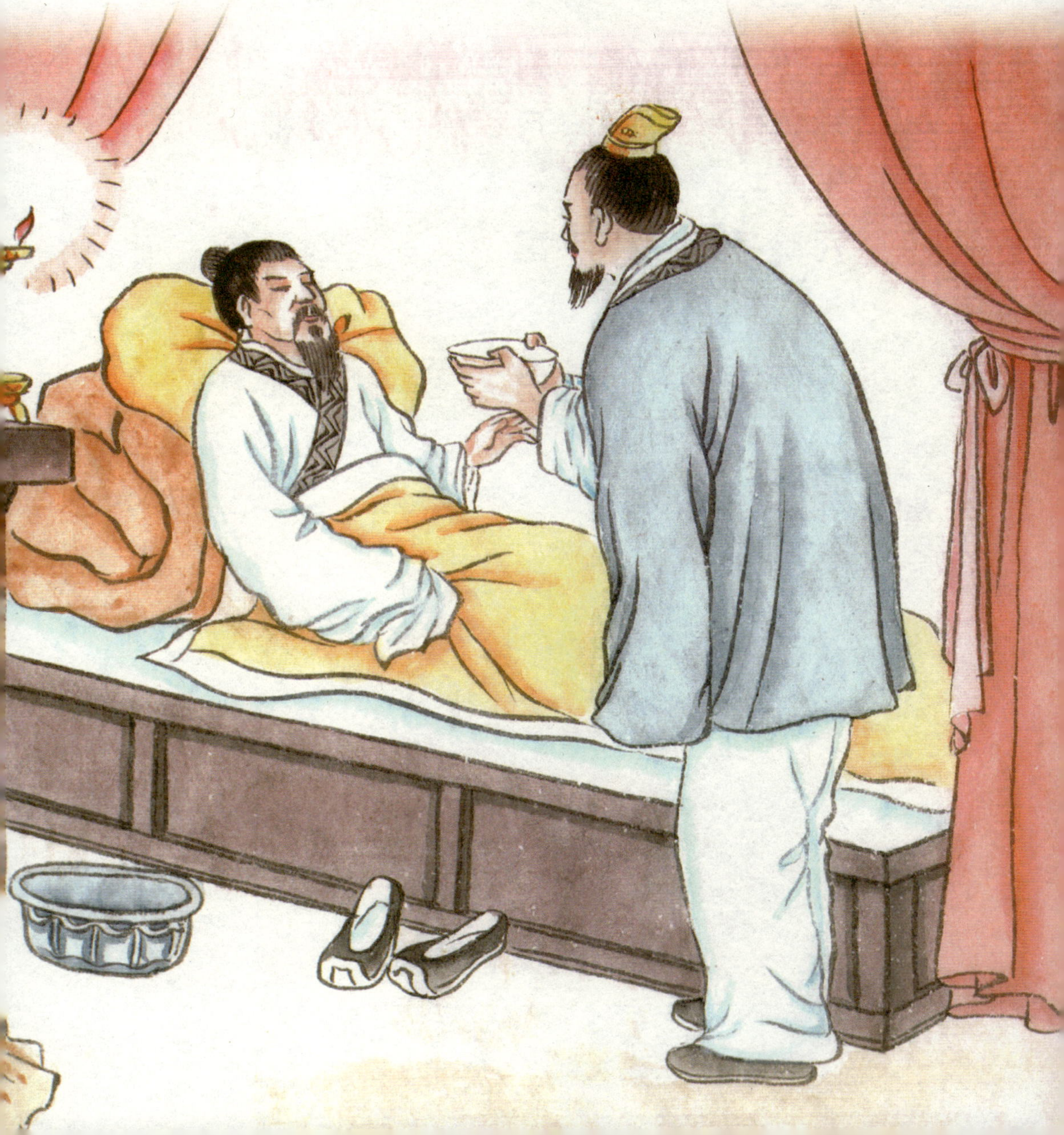

成语接龙

衣不解带 → 带水拖泥

泥首谢罪 → 罪恶昭彰 → 张目结舌

舌灿莲花 → 花容月貌 → 貌合神离

离心离德 → 德不配位 → 为民除害

骇人听闻 → 闻之色变 → 变幻无常

看图猜成语

答案：一落千丈

写一写

衣	不	解	带
衣	不	解	带
衣	不	解	带
衣	不	解	带

成语词典

衣不解带

释义 形容日夜辛劳，不能安稳休息。

近义词 衣不解结

反义词 无所事事

造句 他最近工作忙，一连几天都是衣不解带。

尽心尽力

东晋王坦之，与名臣郗（xī）超（字嘉宾）都极有名望，时人称赞道：

盛德绝伦郗嘉宾，

江东独步王坦之。

东晋大司马桓温死后，王坦之和谢安二人共同辅佐年幼的皇帝。不久，王坦之升为中书令，又被任命为北中郎将，统率徐、兖、青三州军事，担任徐、兖二州刺史，镇守广陵。将要赴任时，王坦之心系国事，担心幼主，专门上了一道表章，劝导皇帝，朝中事情，无论大小，都要和谢安、桓冲商量，这二位大臣受到先帝的信任和厚遇，“志竭忠贞，尽心尽力，归诚陛下，以报先帝”。这二人对于皇帝而言，犹如周时的姬旦，汉时的霍光，显宗时的王

语出典籍

唐·房玄龄等《晋书·王坦之传》：“且受遇先帝，绸缪缱绻，并志竭忠贞，尽心尽力，归诚陛下，以报先帝。”

导。皇帝接受了王坦之的表章。

后来，王坦之四十六岁就病故了。临终前仍写信给谢安、桓冲，内容全是国家大事，一句也不提私人之事。对于他的早逝，朝廷内外很多人都非常痛惜。

成语接龙

尽心尽力 → 力敌万夫

夫妻反目 → 目送手挥 → 灰心丧气

气冲斗牛 → 牛鬼蛇神 → 神魂颠倒

倒海翻江 → 江流日下 → 下寨安营

蝇营狗苟 → 苟且因循 → 循名责实

看图猜成语

答案：一鸣惊人

写一写

尽	心	尽	力
尽	心	尽	力
尽	心	尽	力
尽	心	尽	力

成语词典

尽心尽力

释义 投入全部心思，使出全部力量。形容做事费尽心力。

近义词 全力以赴　不遗余力　殚精竭力

反义词 玩忽职守

造句 他在工作中凡事都尽心尽力，受到领导和同事的一致好评。

好善嫉恶

语出典籍

东汉·王符《潜夫论·实贡》："好善嫉恶，赏罚严明，治之材也。"

唐代中期，安史之乱爆发，连都城长安也陷于叛军手中。唐军大将李晟（shèng）率军经过几日的浴血奋战，终于收复了长安。进入长安城时，他下令："我与大家都有家室在长安，离别数年，都想知道家人的情况，但为了安定社会秩序，五日之内不得和家人通消息，也不得扰乱百姓，否则当斩！"

后来，当时的吐蕃想侵犯中原，但因为李晟的顽强抵抗，总是不能得逞。吐蕃的宰相尚结赞知道要想进攻中原，必先除掉李晟。于是，他就使了个计谋，亲自率领大兵侵入陇州和凤翔，只是示威似的转了一圈，并到处放风说："李晟召我们来，怎么不用酒肉犒劳我们呀？"李晟知道后，恨得咬牙切齿，就派兵伏击吐蕃军，吐蕃军大败。尚结赞忙派人向唐德宗求和。

李晟听说吐蕃使者已赴京求和，急忙赶回京城，向德宗上奏道："戎狄之人不讲信用，不能和他们讲和。"可是德宗因连年征战，已厌恶打仗。他还怀疑李晟是为了邀功而与吐蕃打仗、制造事端的，就不听李晟的建议，而且还削了李晟的兵权。

有人对李晟说："您劳苦功高，却被罢了兵权。自古以来，功高者都没有好下场，您何不早为自己留条退路呢？"李晟一听，那人分明是叫自己结党谋反，就严加斥责。当时人们称赞李晟"天性好善嫉恶，尤其厌恶结党营私者"。

成语接龙

好善嫉恶 → 恶语中伤

穷且益坚 ← 理屈词穷 ← 伤天害理

艰苦卓绝 → 绝处逢生 → 生龙活虎

节外生枝 ← 盘根错节 ← 虎踞龙盘

枝繁叶茂 → 茂林修竹 → 竹报平安

看图猜成语

答案：一诺千金

写一写

好	善	嫉	恶
好	善	嫉	恶
好	善	嫉	恶
好	善	嫉	恶

成语词典

好善嫉恶

释义 崇尚美善，憎恨丑恶。

近义词 好善恶恶　嫉恶如仇

反义词 善恶不分

造句 如果社会上每个人都好善嫉恶，犯罪分子就没有立身之地了。

克己奉公

语出典籍

南朝宋·范晔《后汉书·祭遵传》："遵为人廉约小心，克己奉公，赏赐辄尽与士卒。"

祭遵，字弟孙，东汉初年颍阳（今河南襄城县颍阳镇）人。祭遵从小喜欢读书，虽然出身豪门，但生活非常俭朴。

24年，刘秀攻打颍阳一带，祭遵去投奔他，被刘秀收为门下吏，后随军转战河北，成为军中的执法官，负责执掌军营的法令。任职期间，他执法严明，不徇私情，为大家所称道。

有一次，刘秀身边的一个小侍从犯了罪，祭遵查明真相后，依法把这小侍从处以死刑。刘秀知道后，十分生气，想祭遵竟敢处罚自己身边的人，欲降罪于祭遵。但马上有人来劝谏刘秀说："严明军令，本来就是大王的要求。如今祭遵坚守法令，上下一致做得很对。只有像他这样言行一致，号令三军才有威信啊。"

刘秀听了觉得有道理，非但没有治罪于祭遵，还封他为刺奸将军。

祭遵为人廉洁，为官清正，处事谨慎，克己奉公，常受到刘秀的赏赐，但他将这些赏赐都拿出来分给手下的人。他生活十分俭朴，家中也没有多余的私人财产，即使在安排后事时，他仍嘱咐手下的人，不许铺张浪费，只要用牛车装载自己的尸体和棺木，拉到洛阳简单下葬就可以了。

祭遵死后多年，汉光武帝刘秀仍对他克己奉公的精神赞赏有加。

成语接龙

克己奉公 → 公正廉明

明争暗斗 → 斗霜傲雪 → 雪上加霜

霜露之感 → 感同身受 → 受宠若惊

惊天动地 → 地动山摇 → 摇头晃脑

脑满肠肥 → 肥头大耳 → 耳熟能详

看图猜成语

答案：一叶障目

写一写

克	己	奉	公
克	己	奉	公
克	己	奉	公
克	己	奉	公

成语词典

克己奉公

释义 克制、约束和严格要求自己，为集体的利益而努力。

近义词 廉政无私　大公无私　廉洁奉公　奉公克己

反义词 监守自盗　见利忘义　利欲熏心　假公济私

造句 我们要学习他克己奉公、助人为乐的高尚品质。

内 容 提 要

这是一套给孩子看的彩绘版《典籍中的成语故事》，共有10册，每册一个主题，分别为爱国爱民篇、智慧谋略篇、远见卓识篇、人生百态篇、奇闻趣事篇、士林趣话篇、品格节操篇、巧言妙语篇、奋斗践行篇、说情解意篇。本书成语皆出自不同的典籍，以典籍中的故事来讲述成语；同时设置“成语接龙”“看图猜成语”“成语词典”等小板块，激发孩子对成语的学习兴趣，提高孩子的写作能力，让孩子开阔眼界，提高语言表达能力。

图书在版编目（CIP）数据

典籍中的成语故事．品格节操篇 / 新新世纪编著．-- 北京 ：航空工业出版社，2022.6
ISBN 978-7-5165-3057-3

Ⅰ．①典… Ⅱ．①新… Ⅲ．①汉语－成语－故事－少儿读物 Ⅳ．①H136.31-49

中国版本图书馆CIP数据核字（2022）第086392号

典籍中的成语故事·品格节操篇
Dianjizhongde Chengyugushi · Pingejiecao Pian

航空工业出版社出版发行
（北京市朝阳区京顺路5号曙光大厦C座四层　100028）
发行部电话：010-85672688　010-85672689

三河市双升印务有限公司印刷　　全国各地新华书店经售
2022年6月第1版　　2022年6月第1次印刷
开本：710×1000　1/16　　字数：16千字
印张：4.5　　定价：188.00元（全10册）

咪奇熊®
MIQIXIONG

典籍中的成语故事

巧言妙语篇

新新世纪◎编著

航空工业出版社
北京

前言

在浩如烟海的典籍中，成语作为中华语言的精华、文明的积淀、历史的浓缩、智慧的结晶，成为传承中华文明的重要载体。时至今日，仍有大量的成语在被广泛使用，散发着永恒的魅力。

同时，成语也是小学生语文的必修内容。在作文写作中，恰当地运用成语，可以使文章熠熠生辉；在口头表达中，则可以使你的语言更富有感染力。因此，熟练掌握和运用成语，不仅能达到言简意赅的效果，同时也是衡量一个人文字功底、文化素养以及语言表述能力的重要标尺。

本套书将成语按主题分为10册，收录了170则成语和与之一一对应的成语故事。书中除了讲述故事，还有成语的出处、释义、近义词、反义词、造句示例，让小读者既明其义、会使用，又知其源，了解其中所蕴含的丰富文化意义；同时还设置了小朋友喜欢的成语接龙和看图猜成语板块。在游戏中记住成语何乐而不为？文中配有近500幅精美插图，使故事生动活泼，引人入胜。

现在，就让我们翻开本书，一起走进成语故事的世界，去品味中华语言文化的博大精深和妙趣横生吧！

目录

饮鸩止渴

东汉时候，大将军梁商在朝廷上的权力很大。一次，有人向他告密，说地方官宋光擅自修改朝廷的章法。梁商不问青红皂白，将宋光关进了洛阳的监狱，把他打得死去活来。

宋光的外甥霍谞（xū），听到舅舅被冤屈的消息，十分焦急。他决心上书梁商，为舅舅申冤。当时他才十五岁，但在大人物面前毫不畏惧。他在申诉书中说："我是宋光的外甥，我来替舅舅申冤辩解。宋光出身高贵，一向循规蹈矩，按章办事，即使对朝廷章法有什么不同看法，也会按正常途径向朝廷汇报，怎么可能冒着生命危险私自修改呢？这就好比一个人肚子饿了吃附

语出典籍

南朝宋·范晔《后汉书·霍谞传》："譬犹疗饥于附子，止渴于鸩毒，未入肠胃，已绝咽喉。"

子（一种有毒的植物）充饥，口渴了用鸩的羽毛泡制的毒酒来解渴一样，不等东西进入肠胃，人就已经断气了。这样的蠢事，宋光怎么会做呢？请求大将军查清原委，千万不要冤枉好人……”

梁商看了霍谞的申诉书，十分感动，便释放了宋光。

成语接龙

饮鸩止渴 → 渴者易饮

饮食男女 → 女大难留 → 留中不发

发号施令 → 令人神往 → 往返徒劳

劳苦功高 → 高耸入云 → 云泥之别

别开生面 → 面如土色 → 色厉内荏

看图猜成语

答案：衣衫褴褛

写一写

饮 鸩 止 渴

饮 鸩 止 渴

饮 鸩 止 渴

饮 鸩 止 渴

成语词典

饮鸩止渴

释义 喝毒酒解渴。比喻用错误的办法来解决眼前的困难而不顾严重后果。鸩：传说中的毒鸟，用它的羽毛浸的酒喝了能毒死人。

近义词 剜肉医疮　漏脯充饥

反义词 从长计议　高瞻远瞩

造句 你总不能为了尽快解决问题就饮鸩止渴吧！

尾大不掉

语出典籍

春秋·左丘明《左传·昭公十一年》："末大必折，尾大不掉，君所知也。"

公元前531年，楚国灭掉了蔡国，楚王任命公子弃疾为蔡公。

有一天，楚王向大臣申无宇打听道："公子弃疾在蔡国干得怎么样呀？"

申无宇回答说："我听说将官的势力如果太大，就不宜派他们长期在外镇守一方；如果官员的势力太薄弱了，就不宜任京官的职务。俗话说得好：自己的亲属最好别安排外地的职务，别国来的客人也最好别担任宫廷的大臣。如今，我们公子弃疾远在蔡国任职，而郑国的公子丹却在我们楚国担任要职，大王您可要当心点呀。"

楚王又问："现在国内出现了一些规模很大的封邑城市，这到底好不好呢？"

申无宇说："过去周天子分封诸侯，他的用意原本是希望靠诸侯的封地和城池形成藩篱和屏障，如众星拱月那样，拱卫朝廷。可是后来诸侯的邑城发展得越来越大，天子渐渐地指挥不动诸侯了，不仅指挥不动，诸侯的邑城反而对天子的都城造成了威胁。这好比树梢长得太茂盛以后，大风一来就会把整棵树拦腰吹断；动物的尾巴长得太肥大以后，摇晃起来就十分困难。历史上，郑国的京邑、栎邑势力强大以后，杀了曼伯；宋国的萧邑、亳（bó）邑势力壮大了以后，杀了子游；齐国的雍廪在渠丘杀了无知，卫国的蒲邑、戚邑驱逐了卫献公……从这些事情的后果来看，都是当初被扶持的人害了自己。所以，扶持宗室的政策，对国家实在是一种隐患呀！”

楚王点头称是。

成语接龙

尾大不掉 → 掉舌鼓唇

唇辅相连 → 连昏接晨 → 晨炊星饭

饭来开口 → 口出狂言 → 言传身教

教书育人 → 人山人海 → 海纳百川

川流不息 → 息事宁人 → 人杰地灵

看图猜成语

答案：以卵击石

写一写

尾	大	不	掉
尾	大	不	掉
尾	大	不	掉
尾	大	不	掉

成语词典

尾大不掉

释义 指尾巴太大，掉转不灵。旧时比喻部下的势力很大，无法指挥调度；现比喻机构庞大，指挥不灵。掉：摆动。

近义词 尾大难掉　强枝弱本　末大不掉

反义词 精兵简政

造句 很多问题积重难返，已成尾大不掉之势。

抱薪救火

战国时，魏国接连遭到秦国的侵略，几次割地求和，失去了许多城池，先后牺牲了二十多万士兵。

有一个名叫段干子的魏将，被秦军强大的攻势吓破了胆，建议魏安釐（xī）王把南阳割让给秦国，以换取和平。安釐王眼见都城大梁难保，只得听从他的建议，准备再一次向入侵者屈膝求和。

这事被苏代知道了，他主张魏国应与其他五国联合起来，共同抵抗强秦，坚决不赞成割地求和的投降政策。他对魏安釐王说："秦王贪得无厌，你越是让他，他就越来欺负你。现在，大王想用土地来换取和平，依我看求得的只能是片刻之安。只要你的土地还没割让光，他就会不断提出新的领土要求。这就好比抱着柴草去救火，火遇柴草，会越烧越旺，只要柴草还有，火就熄灭不了。"

语出典籍

西汉·司马迁《史记·魏世家》："且夫以地事秦，譬犹抱薪救火，薪不尽，火不灭。"

成语接龙

抱薪救火 → 火冒三丈 → 仗义疏财 → 财大气粗 → 粗枝大叶 → 叶公好龙 → 龙争虎斗 → 斗折蛇行 → 行云流水 → 水泄不通 → 通宵达旦 → 弹丸之地 → 地久天长 → 长治久安

看图猜成语

答案：莺歌燕舞

写一写

抱	薪	救	火
抱	薪	救	火
抱	薪	救	火
抱	薪	救	火

成语词典

抱薪救火

释义 抱着柴草去救火。比喻用错误的方法去消除灾祸，结果反而使灾祸扩大。

近义词 火上浇油　饮鸩止渴　雪上加霜

反义词 根除祸患　釜底抽薪

造句 我们做事要讲究方法，不能抱薪救火，那样只会适得其反。

英雄无用武之地

语出典籍

西晋·陈寿《三国志·诸葛亮传》："今操芟夷大难，略已平矣，遂破荆州，威震四海。英雄无所用武，故豫州遁逃至此。"

208年秋天，曹操在平定北方以后，率领大军南征荆州。当时刘备正驻守在襄阳附近的樊城。襄阳军民中，有不少人不愿投降曹操，便纷纷投奔刘备。因此，刘备的队伍很快增加到十万多人。由于人员众多，行动缓慢，有人建议刘备快马先行，免得被曹军追上。但是刘备认为，要成大事必须依靠人，现在荆州父老兄弟已来投奔他，就不能抛开大家先走。

曹军一到襄阳，曹操了解到刘备已率众南下，便派五千名骑兵追击。不几日，终于在当阳（今属湖北）的长坂坡追上了刘备的队伍。这支混杂的队伍，当然不是曹军骑兵的对手，最后只有刘备、诸葛亮等少数人突围而出，退到了夏口。

这时候，曹操的大军已经从江陵顺江东下。诸葛亮对刘备说：

“现在情势危急，还是让我去向孙权求援吧。”刘备同意。

这时，孙权正率军驻屯在柴桑（今江西九江）观望形势。诸葛亮见到他后劝说道：“当今天下大乱，将军占据了江东，刘豫州（刘备）也在汉水之南招募队伍，和曹操争夺天下。现在，曹操平定北方后，又攻下荆州，威镇四海。而刘豫州这样的英雄也无所用武，所以退到了这里。”

最后，诸葛亮终于说服了孙权，共同抗曹，取得了赤壁之战的胜利。

成语接龙

英雄无用武之地 → 地久天长 → 长久之计 → 计穷智短 → 短衣匹马 → 马迟枚疾 → 疾风暴雨 → 雨零星散 → 散发抽簪 → 簪缨世族 → 族（足）不窥户 → 护国佑民 → 民心向背 → 背水一战

看图猜成语

答案：愚公移山

写一写

英雄无用武之地

英 雄 无 用 武 之 地

英 雄 无 用 武 之 地

成语词典

英雄无用武之地

释义 比喻有才能却没地方或机会施展。

近义词 怀才不遇

反义词 大显身手

造句 在这个严肃紧张的工作环境中，他的娱乐天分算是英雄无用武之地了。

狐假虎威

战国时期，楚国有一位很能干的大臣名叫昭奚恤。楚宣王有一次召集大臣们开会议事，他问大臣们说："我听说北边的邻国都很惧怕昭奚恤，果真有这样的事情吗？"

这时，有位叫江一的大臣向楚宣王说："大王，哪有这种事情呢？邻国并不惧怕昭奚恤，而是惧怕您呀！"接着他讲了一则故事：

语出典籍

西汉·刘向《战国策·楚策一》："虎求百兽而食之，得狐。狐曰：'……子随我后，观百兽之见我而敢不走乎？'虎以为然，故遂与之行。兽见之皆走。虎不知兽畏己而走也，以为畏狐也。"

有只老虎在森林中遇到一只狐狸，狐狸见逃跑已经来不及了，便故作镇静地对老虎说："我是天帝派到森林里来做兽王的，你怎么敢吃我！"老虎看到狐狸又瘦又小，有些不相信。狐狸担心老虎不相信自己的话，就急忙说："你如果不相信，那么，你就跟我到林子里去走一趟，看看那些野兽见了我害怕不害怕！”老虎同意了。狐狸大模大样地走在前面，老虎紧跟在后。森林中的野兽看见老虎来了，都吓得拼命逃跑。老虎不知道野兽们害怕的是自己，还以为它们真是害怕狐狸呢！

江一讲完故事后又说：“大王，您现在占有五千多里的地盘，有百万雄兵，而这些又交给昭奚恤管辖，所以北边邻国都怕他，其实是害怕您的兵马，就像林中百兽害怕老虎一样呀！”

“哦，原来是这样！”楚宣王同意了江一的看法。

成语接龙

狐假虎威 → 威震天下

爽然自失 ← 神清气爽 ← 下笔如神

失之交臂 → 避人耳目 → 目中无人

药到病除 ← 灵丹妙药 ← 人杰地灵

除暴安良 → 良辰美景 → 井然有序

看图猜成语

答案：缘木求鱼

写一写

狐	假	虎	威
狐	假	虎	威
狐	假	虎	威
狐	假	虎	威

成语词典

狐假虎威

释义　狐狸借老虎之威吓退百兽。后用来比喻仰仗或倚仗别人的权势来欺压、恐吓人。假：凭借。

近义词　仗势欺人　狐虎之威

反义词　独步天下

造句　他狐假虎威，仗着他哥哥的势力，横行乡里，无恶不作。

金城汤池

语出典籍

东汉·班固《汉书·蒯通传》："边地之城……必将婴城固守，皆为金城汤池，不可攻也。"

蒯（kuǎi）通是秦末范阳（今属河北）人。他是个很有口才的辩士。当时，起义反秦的农民领袖陈胜有个部将名叫武臣，他攻克了原来赵国大部分地区，已经逼近范阳。蒯通就去见范阳令徐公，对他说："我是本县的老百姓蒯通，因为怜悯你快要死了，所以特来吊你的丧；不过，你遇到了我，就可以免死了，所以我又应该贺你的喜。"

徐公认为这人说话有些蹊跷，便向他作揖请教："你为什么说我就要死了呢？"

蒯通说："你当县官有十多年了，杀了多少父亲的儿子，害了多少儿子的父亲……其实，人们要还报你一刀并不难，他们只是害怕秦朝的刑法罢了。现在，天下大乱，什么刑法都已经失去作用了，你的肚子上还不马上要挨刀吗？"

“那么，你为什么又说我可以免死了呢？”

蒯通接着说：“武臣听说我有点小名气，派人来找我，说要听听我的意见。现在我正想去见他，并且准备对他说：‘范阳这座城池本来可以坚守，但是那位县令怕死，早已准备向你投降了。他首先投降，你将怎样处置他呢？要是杀了他，那时，其他各城镇的官吏，将要互相传告说：范阳令投降仍然不免一死，还不如坚守！于是，各处都成了金城汤池，很难攻下了。我为你打算，最好趁早用优厚的待遇把范阳令迎接过来，然后叫他带着文告，到燕、赵各地去走一遭，这样，各城镇必然纷纷投降。我的这一番话，估计武臣一定会同意，所以我说你可以免死了。”

徐公听了，非常高兴，当即备了车马，让蒯通立刻去见武臣。武臣果然采纳了蒯通的建议。这样，不但徐公免死，而且燕、赵各地就有三十多个城镇主动宣告投降。

成语接龙

金城汤池 → 池鱼之祸

上蹿下跳 ← 墙头马上 ← 祸起萧墙

跳梁小丑 → 丑态百出 → 出奇制胜

有恃无恐 ← 前所未有 ← 盛况空前

孔武有力 → 力透纸背 → 背井离乡

看图猜成语

答案：张灯结彩

写一写

金	城	汤	池
金	城	汤	池
金	城	汤	池
金	城	汤	池

成语词典

金城汤池

释义 如钢铁铸造的城墙，像沸水流淌的护城河。比喻城池坚固，难于攻破。

近义词 铜墙铁壁　固若金汤

反义词 一触即溃　不堪一击

造句 辩论会上，正反双方论点论据都十分严密，有如金城汤池，难以找出破绽。

居安思危

语出典籍

春秋·左丘明《左传·襄公十一年》："居安思危，思则有备，有备无患。"

春秋时期，郑国挑起事端，激起晋、齐、卫等十二个诸侯国的不满。当时晋国势力大，其他国君就同晋国商议，要联合各国兵马，共同围攻郑国。晋悼公同魏绛商议，魏绛认为可以就此教训一下郑国。于是十二个诸侯国以晋国为首，联合出兵围攻郑国。郑国十分惊慌，就派使者向晋悼公求和。晋悼公听取了魏绛的建议，认为郑国已经向晋国低头，不必再逼迫过甚，于是撤回了军队，其他十一国也停止了进攻。

郑国解了围，非常感谢晋国，为了表示谢意和友好，便准备了大批礼物给晋国送去。这些礼物中有作战用的兵车，有精致的乐器，还有三名郑国有名的乐师和十六名能歌善舞的美女。

晋悼公接受了郑国这么贵重的礼物，非常高兴，对魏绛说："你为我出谋划策，使事情办得一切如意，好像音乐一样和谐协调，我非常满意。”

魏绛向晋悼公行礼，说道：“我们晋国的事情一切如意，首先归功于您的领导有方，其次是大臣们同心协力，我有什么功劳可言？我只希望您在享受安乐的时候，也能想一想国家其他要办的事情。《诗》上有句话叫‘居安思危’。我把它献给您作为鉴戒。”晋悼公听了，沉思半晌。

成语接龙

居安思危 → 危言耸听

窄门窄户 ← 天宽地窄 ← 听命由天

户限为穿 → 穿房入户 → 户枢不蝼

开足马力 ← 诚至金开 ← 蝼蚁之诚

力透纸背 → 背水一战 → 战战兢兢

看图猜成语

答案：长绳系日

写一写

居	安	思	危
居	安	思	危
居	安	思	危
居	安	思	危

成语词典

居安思危

释义 在平安稳定的时候要想到可能会出现的危险灾难。指时时要提高警觉，预防祸患。

近义词 未雨绸缪　防患未然　居安虑危

反义词 及时行乐　高枕无忧　麻痹大意　刀枪入库

造句 身处在瞬息万变的社会中，你应该学会居安思危。

相敬如宾

春秋时期，晋文公派大夫臼（jiù）季出使别国。臼季路过冀邑（今山西河津东北）这个地方时，在大路边看见前朝晋惠公旧臣郤（xì）芮的儿子郤缺在地里锄禾，臼季便下车同郤缺应酬谈话。正说着，一个女子给郤缺送饭来了，她先恭恭敬敬地向郤缺拜了一拜，然后蹲下身从篮子里取出饭菜，摆好碗筷，又恭恭敬敬地朝郤缺拜了一拜，请他用餐。郤缺彬彬有礼地回拜了那女子，向臼季介绍说，这是他的妻子。郤缺夫妻之间相敬如宾的美德，给臼季留下了深刻的印象。

语出典籍

春秋·左丘明《左传·僖公三十三年》："臼季使过冀，见冀缺耨，其妻馌之。敬，相待如宾。"

回国后，臼季对晋文公说："郤缺和妻子之间能够相敬如宾，这说明他们是很有教养、很有德行的人。一个有德行的人，必定能治理好百姓，请陛下放心大胆地用他。"

晋文公对臼季的举荐却不大乐意，对臼季说："你忘啦，他父亲有罪，我怎么能够用他？"原来，郤缺的父亲在晋文公和晋惠公兄弟俩争夺君位的斗争中，站在了晋惠公一边。

臼季却不这样看，他开导晋文公说："郤缺父亲的罪责，不能让郤缺来承担，如果您不计前嫌，让郤缺也得到机会施展自己的才干，那天下的贤士能人，必定更愿意为晋国效劳了。"

晋文公豁然开朗，欣然接受臼季的建议，拜郤缺为大夫。

成语接龙

相敬如宾 → 宾来如归 → 归邪返正 → 正直无私 → 私言切语 → 语焉不详 → 详刑慎罚 → 罚不责众 → 众擎易举 → 举偏补弊 → 弊绝风清 → 清心寡欲 → 欲加之罪 → 罪有应得

看图猜成语

答案：纸上谈兵

写一写

相敬如宾

相敬如宾

相敬如宾

相敬如宾

成语词典

相敬如宾

释义 形容夫妻间相处融洽，互相敬爱，像对待宾客一样。

近义词 相亲相爱　互敬互爱

反义词 敬而远之

造句 夫妻之间要相敬如宾，这样才能达到两者关系的最佳境界。

宾至如归

语出典籍

春秋·左丘明《左传·襄公三十一年》:“宾至如归,无宁灾患,不畏寇盗,而亦不患燥湿。”

公元前542年,子产奉郑简公之命出访晋国,带去许多礼物。晋平公借口为鲁国国丧致哀,没有迎接郑国使者。子产就命令随行的人员把晋国宾馆的围墙拆掉,然后赶进车马,安放物品。

晋平公得知这一消息,派大夫士文伯到宾馆责问子产。士文伯说:“我国是诸侯的盟主,来朝见的诸侯官员很多。为了保障来宾安全,特意修建了这所宾馆,筑起厚厚的围墙,现在你们把围墙拆了,不知是为了什么?”

子产回答说:“这一次我们带了从本国搜罗来的财宝前来朝会,偏偏遇上你们的国君没有空,也不知道何时有空。我听说过去晋文公做盟主的时候,自己住的宫室是矮小的,接待诸侯的宾馆却造得又高又大,使人感到宾至如归。可是,现在晋国的宫室占地好几里，而让诸侯宾客住的却是奴隶住的屋子。门口进不去车子，我们不能翻墙进去，如果不拆掉围墙，让这些礼物日晒夜露，就是我们的罪过了。如果让我们交了礼物，我们愿意修好围墙再回去。”

士文伯把情况报告了晋平公。晋平公感到惭愧，马上接见子产，隆重宴请他，并给予了他丰厚的回赠，还下令重新建造宾馆。

成语接龙

宾至如归 → 归老林下 → 下情上通 → 通南彻北 → 北门锁钥 → 跃然纸上 → 上下同心 → 心直口快 → 快马加鞭 → 鞭辟入里 → 里通外国 → 国无幸民 → 民脂民膏 → 膏腴之地

看图猜成语

答案：指鹿为马

写一写

宾	至	如	归
宾	至	如	归
宾	至	如	归
宾	至	如	归

成语词典

宾至如归

释义 客人到此，有在家之感。形容接待客人热情周到。

近义词 亲如一家　无微不至　满腔热忱

反义词 漠不关心　冷若冰霜

造句 这个旅馆服务周到，让人有宾至如归的感觉。

流血千里

语出典籍

西汉·刘向《战国策·魏策四》:“天子之怒，伏尸百万，流血千里。”

战国末期，秦国灭了魏国以后，派人对魏国的附庸国国君安陵君说:“秦王想用五百里土地换你们只有五十里土地的安陵，请不要推辞！”

安陵君知道这是阴谋，但不敢得罪秦国，就婉言对来使说:“秦王以大换小，他的好意我心领了，但是安陵是我祖先的江山，我不敢随便拿它更换。”安陵君知道秦国不会就此罢休，就派唐雎（jū）到秦国去，表示他愿意与秦国搞好团结。

秦王见了唐雎，就给他一个下马威，拍着桌子说:“你听说过天子发怒吗？”

“没有。”唐雎镇静地说。

“天子发怒，会伏尸百万，流血千里。”

唐雎仰天大笑:“你听说过平民发怒吗？”

“平民发怒，只不过是脱掉帽子，赤着脚，用头撞地而已！”秦王轻蔑地说。

“你说的是庸人发怒。从前专诸刺杀吴王僚时，彗星袭月；聂政刺杀魏国的相国侠累时，长虹贯日；要离刺杀卫国的公子庆忌时，苍鹰冲击到殿上。”唐雎拔出剑，疾步上前，紧紧抓住秦王的手，满脸杀气地说：“今天我发怒，就要跟你同归于尽了！”

秦王吓得连忙向唐雎道歉，答应今后再也不提换地之事了。

成语接龙

流血千里 → 里通外国

国无捐瘠 → 瘠人肥己 → 己饥己溺

溺心灭质 → 质疑问难 → 难能可贵

贵远贱近 → 近火先焦 → 焦头烂额

额首称庆 → 罄竹难书 → 书香门第

看图猜成语

答案：炙冰使燥

写一写

流	血	千	里
流	血	千	里
流	血	千	里
流	血	千	里

成语词典

流血千里

释义　形容战乱中死伤极多的景象。

近义词　伏尸百万

反义词　兵不血刃

造句　天子一怒，伏尸百万，流血千里，绝非虚言。

骑虎难下

328年，苏峻和祖约两个镇将以“除君侧，杀权奸”为名，率领军队进入都城建康，掌管了东晋朝政大权。

在这紧急关头，江州刺史温峤挺身而出，拥戴征西大将军陶侃为盟主，起兵讨伐叛军。由于叛军人多势众，陶侃接连打了几个败仗。不久，军粮也发生了困难。

这时，陶侃产生了畏难心理，他责备温峤说：“起兵的时候，您说要将有将，要粮有粮，只要我出来当盟主就行了。可现在将在哪里？粮在何方？如果粮米再接济不上，我只能带领本部人马回老家去了。”

语出典籍

南朝宋·何法盛《晋中兴书》：“苏峻反，温峤推陶侃为盟主。侃欲西归，峤说侃曰：‘……今日之势，义无旋踵，骑虎之势，可得下乎？’”

温峤不以为然，反驳他说：“战胜叛军，最重要的是靠队伍自身的团结。现在皇上蒙难，国家正处在危急关头，我们仗义讨伐叛贼，决不能掉转方向，改弦易辙。就好比骑在猛虎身上，不把它打死，怎么能半途下来呢！”

陶侃听了温峤这席话，觉得很有道理，于是仔细地同他商量了作战计划，之后从水陆两路进攻叛军。温峤又亲自率领一支精壮的骑兵，突然袭击叛军。最后，讨伐取得了胜利。

成语接龙

骑虎难下 → 下情上达

达官要人 ← 人杰地灵 ← 灵丹圣药

药石之言 → 言不逾阈 → 玉碎香残

残羹冷炙 ← 炙鸡渍酒 ← 酒食征逐

逐影吠声 → 声名籍甚 → 甚嚣尘上

看图猜成语

答案：竹篮打水

写一写

骑虎难下

骑虎难下

骑虎难下

骑虎难下

成语词典

骑虎难下

释义 比喻事情中途遇到困难，但又不能停止，进退两难。

近义词 进退两难　进退维谷　欲罢不能　左右为难

反义词 势如破竹　无往不利　一帆风顺　一往无前

造句 因为当初没人爱干，我才勉强承担这个活，到现在已是骑虎难下了。

筚路褴褛

春秋时期，有一年，楚庄王领兵攻打郑国，郑国派大夫皇戌到晋国求援。皇戌对晋国将领们说：“现在，楚军轻而易举地获得胜利，因此很骄傲，他们现在人困马乏，没有戒备。如果你们出兵攻打，郑国的军队作为后应，一定能够大败楚军。”晋军中军副将先縠（hú）非常

同意这种主张。

可是下军副将栾书却极力反对。他说：“楚国自从灭掉庸国以来，经常教育百姓不要忘记建设国家的艰难，要经常警惕祸患的到来。楚王还经常告诫百姓不要忘记，楚国先君若敖、蚡（fén）冒坐着柴车、穿着破烂衣服开辟山林荒地的艰难。这样看来，楚军怎么会骄傲呢？师出无名就要打败仗，我军攻打楚军，我军无理，楚军有理。楚国国君亲自统率大军，昼夜警戒，严防意外，怎么能说他们人困马乏、没有戒备呢？”

由于主战派的意见占了上风，晋国没有采纳栾书的正确意见，最终，晋国的军队被楚军打得大败。

语出典籍

春秋·左丘明《左传·宣公十二年》：“筚路蓝缕，以启山林。”

成语接龙

筚路褴褛 → 褛析条分

分金掰两 → 两得其所 → 所向克捷

捷报频传 → 传风扇火 → 火海刀山

山南海北 → 北去南来 → 来去分明

明公正道 → 道东说西 → 稀奇古怪

看图猜成语

答案：煮鹤焚琴

写一写

筚	路	褴	褛
筚	路	褴	褛
筚	路	褴	褛
筚	路	褴	褛

成语词典

筚路褴褛

释义 形容创业的艰辛。筚路：柴车。褴褛：破衣服。

近义词 风餐露宿　栉风沐雨

反义词 轻而易举　养尊处优

造句 无数的建设者们筚路褴褛，开创了我国工业的新时代。

锐不可当

五代时期，周太祖郭威即位不久，原来后汉的河东节度使刘旻（mín）为扩大地盘，命其子刘承钧率兵攻打晋州，周太祖便派王峻去征讨。王峻率军到达陕州以后，下令让部队停驻休整，这一停就是十几天。周太祖心里着急，就派了使者翟守素快马加鞭赶到陕州，对王峻说："你再按兵不动，太祖就要亲自出征了。"

王峻悄悄对翟守素说："急什么？晋州城防守坚固，刘旻是攻不进的；而且刘旻的军队来势汹汹，锐不可当，我若正面迎击，难免损兵折将。我之所以留在这里，不是我怕他，而是避开锋芒，观察形势，伺机反击。再说，太祖刚刚即位，立足未稳，应该先对各方藩镇施以威德。你回去告诉太祖，据我观察，兖州节度使慕容彦超已有谋反的迹象，太祖如果出征离京，万一慕容彦超攻入京师，那多危险！"

语出典籍

南朝宋·范晔《后汉书·吴汉传》："其锋不可当。"

周太祖接到使者的报告，恍然明白王峻的智谋确实不凡，又忠于自己，于是对他更是优待有加。

王峻在送走使者翟守素之后，就命令军队向晋州推进，在距离晋州三十里的地方扎营。刘旻听说后周派了常胜将军王峻前来，心里畏惧，就悄悄撤退了。

成语接龙

锐不可当 → 当门抵户 → 户给人足 → 足下生风 → 风起云涌 → 永垂不朽 → 朽木不雕 → 刁钻刻薄 → 薄今厚古 → 古调独弹 → 谈笑风生 → 生生不息 → 息事宁人 → 人浮于事

看图猜成语

答案：煮粥焚须

写一写

锐	不	可	当
锐	不	可	当
锐	不	可	当
锐	不	可	当

成语词典

锐不可当

释义 锋利无比，无法阻挡。形容来势凶猛，不可阻挡。

近义词 势如破竹　势不可当　攻无不克　所向无敌

反义词 铩羽而归　损兵折将

造句 我军以锐不可当的气势，消灭了敌人。

强弩之末

西汉初年，匈奴经常兴兵南下，骚扰汉朝的边境地区。为此，汉高祖刘邦曾亲率数十万大军，北上征讨匈奴，但最后以失败而告终。见用武不成，汉武帝决定对匈奴实行“和亲”政策。

匈奴首领单于表面上答应与汉朝讲和，但没隔多久，就撕毁和约，接二连三地发兵南侵，汉军被迫应战，双方一直处于时战时和的局面。

公元前135年，匈奴派出使臣到汉朝请求和亲，汉武帝就召集大臣商议此事。大臣王恢曾长期担任边郡的官吏，对匈奴的情况非常熟悉，他不同意与匈奴和亲，主张起兵攻打匈奴。

语出典籍

西汉·司马迁《史记·韩长孺列传》：“强弩之极，矢不能穿鲁缟。”

御史大夫韩安国极力反对王恢的主张，说：“派大军到千里之外去作战，一定不会有好的结果。匈奴兵力强大，如果我们派兵出征，汉军需要行军几千里才能打到匈奴，人马必定疲惫不堪，这就好像用强弩射出去的箭，飞到射程的末梢，力量就会减弱到连薄薄的绸子也穿不透（强弩之末）；这并不是因为它们开始时力量不强，而是因为到了最后，力量衰竭，起不了什么作用了。因此，派兵远征匈奴是不明智的举动，不如与匈奴和亲。”

于是，汉武帝采纳了这一建议，同意与匈奴和亲。

成语接龙

强弩之末 → 末学肤受

受夹板罪 → 罪有应得 → 得道多助

助人为乐 → 乐往哀来 → 来龙去脉

卖国求荣 → 容光焕发 → 发扬光大

大吃一惊 → 惊世骇俗 → 俗不可耐

看图猜成语

答案：专心致志

写一写

强	弩	之	末
强	弩	之	末
强	弩	之	末
强	弩	之	末

成语词典

强弩之末

释义 强弩所发的弓箭已达射程的最远处。比喻强大的力量已经衰竭。

近义词 大势已去　强弩末矢

反义词 势不可当　所向披靡　势如破竹

造句 敌人到了强弩之末的地步，已经不堪一击了。

缘木求鱼

战国时期，齐宣王想称霸天下。

孟子对齐宣王说："难道动员全国军队，使将士冒着危险去和别的国家结成仇怨，您心里就痛快吗？"

齐宣王说不是这样的，而是为了满足自己最大的欲望。

孟子问："您最大的欲望是什么呢？"

齐宣王笑了笑，但却不回答。

孟子说："您现在吃的穿的用的住的，都好到极点，还感到不能满足，那么您是想要扩张国土，使秦楚那样的大国都来朝贡您，四方外族也都服从于您，从而做天下的霸主。然而，用您这样的做法满足您这样的欲望，就好像爬到树上去捉鱼一样。"

语出典籍

《孟子·梁惠王上》："以若所为，求若有欲；犹缘木而求鱼也。"

齐宣王说："会有这样严重吗？"

孟子说："恐怕比这更严重。爬上树去捉鱼，虽然捉不到，却没有祸害。以您这样的做法来满足您的欲望，如果费尽力气去干，不但达不到目的，而且一定会带来祸患。”

成语接龙

缘木求鱼 → 鱼水相投

路转峰回 ← 英雄末路 ← 投笔请缨

回天乏力 → 力大无敌 → 敌强我弱

语不惊人 ← 风言风语 ← 弱不禁风

人心惟危 → 危机四伏 → 福祸相依

看图猜成语

答案：庄周梦蝶

写一写

缘	木	求	鱼
缘	木	求	鱼
缘	木	求	鱼
缘	木	求	鱼

成语词典

缘木求鱼

释义 本意为爬到树上去找鱼。比喻方向或办法不对，不可能达到目的。

近义词 竹篮打水　海底捞针　水中捞月

反义词 瓮中捉鳖　顺藤摸瓜　探囊取物

造句 做事要尊重实际，缘木求鱼是做不好事情的。

螳螂捕蝉，黄雀在后

春秋时期，吴王想派兵攻打楚国，他为了表示已下定了决心，就对身边的大臣们说：“谁要是来劝阻我，我就把他处死！”

有一个年轻的侍卫官却不管吴王的命令，还是想劝吴王不要派兵进攻楚国，但是又不敢直说，于是，他拿着弹弓在王宫的后花园中转来转去。他衣服都被露水浸湿了，还是连续在花园里转了三天。

吴王奇怪地问他：“你早晨跑到花园里干什么？何苦把衣服浸湿成这个样子！”

侍卫官回答说：“您看，花园里有一棵树，树上有一只蝉。这蝉在高高的树枝上得意地鸣叫，可是它不知道有一只螳螂正在它的身后，弯着身子，举起前爪，正打算捕捉它。而螳螂不知道有只黄雀正在它的身旁，伸长了脖子想去捕食它。黄雀也不知道我正拿着弹弓已经瞄准了它。它们三个都是只想到要取得眼前的利益，而没考虑到隐藏在身后的危险呀！”

吴王听了这话，顿时恍然大悟，于是就打消了攻打楚国的念头。

语出典籍

西汉·刘向《说苑》：“……蝉高居悲鸣饮露，不知螳螂在其后也。螳螂委身曲附，欲取蝉，而不知黄雀在其傍也。黄雀延颈欲啄螳螂，而不知弹丸在其下也。”

成语接龙

螳螂捕蝉，黄雀在后

后手不接 → 接二连三 → 三从四德

德容言功 → 功高盖世 → 世风不古

古稀之年 → 年华虚度 → 度日如年

年迫日索 → 索然寡味 → 味如嚼蜡

看图猜成语

答案：自投罗网

写一写

螳螂捕蝉，
黄雀在后

螳螂捕蝉，黄雀在后

螳螂捕蝉，黄雀在后

成语词典

螳螂捕蝉，黄雀在后

释义 螳螂只顾捉蝉，却不知身后潜在着黄雀的危险。比喻目光短浅，没有远见。也比喻有后顾之忧。蝉：知了。

近义词 鹬蚌相争，渔翁得利

反义词 深谋远虑

造句 一条小鱼刚在水面吃到一条小虫，却没有想到螳螂捕蝉，黄雀在后，一只翠鸟正向它扑过来。

鹬蚌相争

战国时期，赵国打算进攻燕国，著名的说客苏代就去赵国劝阻。

苏代对赵惠文王讲了一个故事：

有一天，一只河蚌张开蚌壳，在河滩上晒太阳。这时有只鹬（yù）鸟，正从河蚌身边走过，就伸嘴去啄蚌肉。河蚌急忙将两片蚌壳闭合，把鹬嘴紧紧夹住。

鹬鸟与蚌争斗起来，形成相持不下的局面。鹬鸟威胁河蚌说：“如果你不张开壳子，今天不下雨，明天不下雨，就会晒死你！”

河蚌也不示弱，对鹬鸟说：“我把你狠狠钳住，今天不放你，明天不放你，就会憋死你！”

这时，恰巧有一个渔翁走过来，没费一点力气，就把它们两个一起捉住，拿回家去。

语出典籍

西汉·刘向《战国策·燕策》：“……（鹬蚌）两者不肯相舍，渔者得而并禽之。”

苏代讲完故事，就对赵惠文王说："现在赵国准备进攻燕国，如果真的打起来，燕、赵两国谁也消灭不了谁，将会长期相持不下，弄得疲惫不堪。我担心强大的秦国会像渔翁那样，乘机把赵、燕两国一起吞并掉，希望大王慎重考虑。"

赵惠文王于是就取消了进攻燕国的计划。

成语接龙

鹬蚌相争 → 争风吃醋

醋海翻波 → 波光鳞鳞 → 鳞集仰流

流水朝宗 → 宗庙社稷 → 稷蜂社鼠

鼠迹狐踪 → 综核名实 → 实报实销

销声匿影 → 影只形单 → 单见浅闻

看图猜成语

答案：自相矛盾

写一写

鹬	蚌	相	争
鹬	蚌	相	争
鹬	蚌	相	争
鹬	蚌	相	争

成语词典

鹬蚌相争

释义 比喻双方相持不下，而使第三者从中得利。

近义词 鹬蚌相危

反义词 同舟共济

造句 由于兄弟鹬蚌相争，互不相让，家族企业最终被人并购。

内 容 提 要

这是一套给孩子看的彩绘版《典籍中的成语故事》，共有10册，每册一个主题，分别为爱国爱民篇、智慧谋略篇、远见卓识篇、人生百态篇、奇闻趣事篇、士林趣话篇、品格节操篇、巧言妙语篇、奋斗践行篇、说情解意篇。本书成语皆出自不同的典籍，以典籍中的故事来讲述成语；同时设置“成语接龙”“看图猜成语”“成语词典”等小板块，激发孩子对成语的学习兴趣，提高孩子的写作能力，让孩子开阔眼界，提高语言表达能力。

图书在版编目（CIP）数据

典籍中的成语故事．巧言妙语篇 / 新新世纪编著．-- 北京 ：航空工业出版社，2022.6
ISBN 978-7-5165-3057-3

Ⅰ．①典… Ⅱ．①新… Ⅲ．①汉语－成语－故事－少儿读物 Ⅳ．①H136.31-49

中国版本图书馆CIP数据核字（2022）第086394号

典籍中的成语故事 · 巧言妙语篇
Dianjizhongde Chengyugushi · Qiaoyanmiaoyu Pian

航空工业出版社出版发行
（北京市朝阳区京顺路5号曙光大厦C座四层 100028）
发行部电话：010-85672688 010-85672689

三河市双升印务有限公司印刷　　全国各地新华书店经售
2022年6月第1版　　2022年6月第1次印刷
开本：710×1000 1/16　　字数：16千字
印张：4.5　　定价：188.00元（全10册）

咪奇熊®
MIQIXIONG

典籍中的成语故事

奋斗践行篇

新新世纪◎编著

航空工业出版社
北京

前言

在浩如烟海的典籍中，成语作为中华语言的精华、文明的积淀、历史的浓缩、智慧的结晶，成为传承中华文明的重要载体。时至今日，仍有大量的成语在被广泛使用，散发着永恒的魅力。

同时，成语也是小学生语文的必修内容。在作文写作中，恰当地运用成语，可以使文章熠熠生辉；在口头表达中，则可以使你的语言更富有感染力。因此，熟练掌握和运用成语，不仅能达到言简意赅的效果，同时也是衡量一个人文字功底、文化素养以及语言表述能力的重要标尺。

本套书将成语按主题分为10册，收录了170则成语和与之一一对应的成语故事。书中除了讲述故事，还有成语的出处、释义、近义词、反义词、造句示例，让小读者既明其义、会使用，又知其源，了解其中所蕴含的丰富文化意义；同时还设置了小朋友喜欢的成语接龙和看图猜成语板块。在游戏中记住成语何乐而不为？文中配有近500幅精美插图，使故事生动活泼，引人入胜。

现在，就让我们翻开本书，一起走进成语故事的世界，去品味中华语言文化的博大精深和妙趣横生吧！

目录

一家之言

西汉著名的历史学家和文学家司马迁在二十岁时，便走遍了当时大汉的东南地区，对历史和人物进行了非常周密的调查研究。后来，他到朝廷做官，有机会接触大量的史料，并利用出使之便对历史进行深入考察。

公元前 104 年，司马迁四十二岁，他开始撰写《史记》。在十几年的时间里，他撰写了一百三十篇，计五十二万余字，记述了从传说中的黄帝到汉武帝前期三千多年的历史，为后人留下了宝贵的文化遗产。

语出典籍

西汉·司马迁《报任少卿书》："亦欲以究天人之际，通古今之变，成一家之言。"

在《史记》的撰写过程中，司马迁始终保持严谨的态度：努力按事实撰写历史，对好的和坏的，尽量不虚夸、不隐讳；对历史事件和人物的评论，不以"圣人"之是非为标准，而是以自己的独特见解予以评价。

公元前 91 年，司马迁写了一篇自传式的长信给他的好友任安（字少卿），记述了自己的思想和遭遇。他在其中谈到《史记》的创作意图时说："写这部书，亦欲以究天人之际，通古今之变，成一家之言。"

成语接龙

一家之言 → 言出必行 → 行尸走骨 → 骨肉之恩 → 恩甚怨生 → 生生不息 → 息影家园 → 元奸巨恶 → 恶衣菲食 → 食不知味 → 味同嚼蜡 → 腊尽春回 → 回旋进退 → 退思补过

看图猜成语

答案：铁杵磨针

写一写

一家之言

一家之言

一家之言

一家之言

成语词典

一家之言

释义 指有独特见解、自成体系的学术论述，也泛指一个学派或个人的理论、说法。

近义词 一家之辞

反义词 百家争鸣

造句 这篇论述只是我的一家之言。

不入虎穴，焉得虎子

班超是东汉名将。73年，他带领三十六人出使鄯（shàn）善国（治所在今新疆维吾尔自治区若羌县）。开始，鄯善国国王对他十分敬重，不久却突然变得冷淡了。原来，在谈判过程中，匈奴派来使者，挑拨鄯善国与汉朝的关系，因此鄯善国国王对与汉朝交好犹豫不决。于是，班超召集部下说："现在匈奴进行破坏、捣乱，鄯善国国王对我们的态度有了反复。如果他把我们抓起来送给匈奴，那我们不但完不成使命，也会死无葬身之地！"

大家一致表示："事情已经到了这般危险地步，一切都听从你的指挥！"

班超说："不入虎穴，焉得虎子！现在只有乘夜攻入匈奴使者的营垒，把他们消灭，才能很好地完成我们的使命！"

语出典籍

南朝宋·范晔《后汉书·班超传》："超曰：'不入虎穴，不得虎子。当今之计，独有因夜以火攻虏，使彼不知我多少，必大震怖，可殄尽也。'"

当晚，班超带领三十六个壮士，悄悄摸进匈奴使者的营驿。经过一番激烈的厮杀，班超和他带领的三十六个壮士把一百多个匈奴人全部消灭。

第二天，班超会见鄯善国国王，说明了事情经过，揭露了匈奴使者的阴谋。鄯善国国王见班超如此厉害，有勇有谋，心中既敬佩，又害怕，马上表示愿意和汉朝永久友好。于是，班超得胜而归。

成语接龙

不入虎穴，焉得虎子

子虚乌有 → 有口无心 → 心旷神怡

怡然自乐 → 乐天知命 → 命世之才

才貌双全 → 全心全意 → 意气相投

投机取巧 → 巧言令色 → 色厉内荏

看图猜成语

答案：投鼠忌器

写一写

不入虎穴，
焉得虎子

不入虎穴，焉得虎子
不入虎穴，焉得虎子

成语词典

不入虎穴，焉得虎子

释义 不进老虎窝，怎能捉到小老虎。比喻不亲历险境就不能获得成功。焉：怎么。

近义词 亲临其境

反义词 轻而易举

造句 “不入虎穴，焉得虎子？”要了解事件的真相，就必须深入其中。

万人之敌

语出典籍

西汉·司马迁《史记·项羽本纪》："籍曰：'书足以记名姓而已。剑一人敌，不足学，学万人敌。'于是项梁乃教籍兵法。"

项羽家族世代都是楚国的名将，因封地在项城而姓项。项羽年少时，学习断文识字没有什么长进，又改学剑术，但也没有获得什么成就。叔父项梁责备他说："你学什么都学不好，真没出息。"

项羽理直气壮地说："识字只不过记记姓名而已，剑术只能对付一个人，都没有什么意思。我要学，就学可以敌万人的学问。"

项梁听了很惊奇，于是教他兵法。项羽对学兵法非常喜欢，可也只从大的方面学，并不深究那些烦琐的细节。

有一次，秦始皇出巡到会稽，渡钱塘江，项羽和项梁在旁边观看。项羽看到秦始皇的车驾浩浩荡荡，威严盛大，便暗暗指着秦始皇说："此人我可以取而代之。"项梁吓得赶紧捂住项羽的嘴巴。从此，项梁认为项羽以后必定能成就大事。于是，叔侄暗暗积蓄力量，以报秦杀祖之仇。

不久，陈胜在大泽乡拉起反秦的大旗。项羽跟随项梁在会稽举兵响应，虽力量微薄，但项羽勇猛善战，短短三年内，就成为各路诸侯的统帅。当时项羽威服诸侯，分割天下，分封王侯，一切政事全由他一人出令。项羽自称西楚霸王，终于成就了霸王之业。

成语接龙

万人之敌 → 敌惠敌怨 → 怨家债主 → 主一无适 → 适得其反 → 反败为胜 → 胜友如云 → 云消雾散 → 散马休牛 → 牛毛细雨 → 雨后春笋

损兵折将 → 将勇兵强 → 强词夺理

看图猜成语

答案：投桃报李

写一写

万人之敌

万人之敌

万人之敌

万人之敌

成语词典

万人之敌

释义 指武艺高强可敌强敌。也指善于统帅军队以抵御强敌。敌：对抗。

近义词 战无不胜

反义词 不堪一击

造句 关羽、张飞皆被称为万人之敌，为世虎臣。

小心翼翼

语出典籍

《诗经·大雅·大明》：“维此文王，小心翼翼。”

陕西渭河以北、岐山脚下，是一片黄土高原。三四千年以前，这里是周国的发祥地。周国人热爱这片国土，在这里划土田，设官吏，筑城邑，营宗室，建立起了一个初具规模的国家。姬昌在周国的历史上，是一位承前启后的国君，很有作为。《诗经》上说他做事兢兢业业、小心翼翼，完全按照上天的旨意去治理国家，因而上天也格外保佑他。他改革周国的内政，努力发展生产，励精图治，几十年过去了，周国终于繁荣兴盛起来。邻国老百姓见到周国富庶，纷纷携儿带女来到周国。

周国的富强使姬昌理所当然地成为西方各诸侯国的盟主，商朝只好封他为西伯。后来商纣王对周国势力的扩大感到非常不安，把姬昌抓起来，囚禁在羑（yǒu）里（今河南汤阴县）。但是，由于其他诸侯和商朝一些大臣的说情和搭救，商纣王又不得不释放了他。

由于商纣王荒淫无道，杀戮功臣元老，欺压百姓，引起朝野一致反对。姬昌积极争取奴隶主贵族的广泛支持，积蓄力量，准备讨伐纣王，可惜尚未发兵，就去世了。周国尊称他为周文王。

后来，他的儿子姬发继位，称周武王，率领军队灭掉了商朝。

成语接龙

小心翼翼 → 翼翼小心 → 心照不宣 → 宣威耀武 → 武不善作 → 作壁上观 → 观隅反三 → 三余读书 → 书不尽言 → 言不入耳 → 耳鬓厮磨 → 摩拳擦掌 → 掌上明珠 → 珠联璧合

看图猜成语

答案：兔死狗烹

写一写

小	心	翼	翼
小	心	翼	翼
小	心	翼	翼
小	心	翼	翼

成语词典

小心翼翼

释义 形容十分谨慎，不敢疏忽。

近义词 谨小慎微　如履薄冰　谨言慎行

反义词 掉以轻心　漫不经心　粗心大意

造句 我小心翼翼地关上了门，生怕吵醒正在睡觉的爸爸。

百闻不如一见

语出典籍

东汉·班固《汉书·赵充国传》："百闻不如一见。兵难隃度，臣愿驰至金城，图上方略。"

汉宣帝时期，羌人入侵。七十六岁的老将赵充国，自告奋勇请求前往迎敌。汉宣帝问他如何抵敌。他说："百闻不如一见，我想亲自到边境看看，确定攻守计划，画好作战地图，然后上奏。"汉宣帝同意了。

赵充国带领一支兵马渡过黄河，遇上羌人的小股军队，便一阵厮杀，捉到不少俘虏。兵士们准备乘胜追击，赵充国阻拦说："我军长途到此，不可远追，如果遭到敌兵伏击，就要吃大亏！"

赵充国观察了地形，了解到敌军的兵力部署，又从俘虏口中得知了敌人内部情况，这才制定出屯兵把守、整治边境、分化瓦解羌人的策略，并上奏汉宣帝。不久，朝廷就派兵平定了羌人的入侵，安定了西北边疆。

成语接龙

百闻不如一见 → 见佛不拜 → 拜赐之师 → 师不宿饱 → 饱经世变 → 变幻无常 → 长年累月 → 月落参横 → 横七竖八 → 八两半斤 → 斤车御史 → 史无前例 → 例行公事 → 事与愿违

看图猜成语

答案：完璧归赵

写一写

百	闻	不	如	一	见
百	闻	不	如	一	见
百	闻	不	如	一	见
百	闻	不	如	一	见

成语词典

百闻不如一见

释义 听到一百次，不如亲眼看到一次，指亲眼看见的比听别人说的更加可靠。

近义词 眼见为实

反义词 道听途说

造句 我生平第一次过三峡，那瑰奇的景象令我激动不已，真是百闻不如一见。

励精图治

西汉时期，大将军霍光大权在握，把年幼的刘询立为皇帝。霍光趁此机会把自己的亲朋好友都调到朝廷，一一委任重要官职；对那些反对他的大臣，则一律加以排挤。

霍光的亲朋好友都在朝廷担任了要职，从而形成了霍氏家族集团，只有他的小女儿没有进入朝廷。霍光的妻子为了使小女儿进入后宫，竟买通了女医官淳于衍，毒死了许皇后。霍光知道后，隐瞒了事情真相，利用职权庇护淳于衍，使汉宣帝蒙在鼓中。霍光死后，汉宣帝采纳了御史大夫魏相的建议，收回了朝政大权。后来，霍光的妻子指使淳于衍毒死许皇后的罪行被查明，汉宣帝大怒，采用魏相的意见，把霍氏家庭成员的官职全部罢免。

语出典籍

东汉·班固《汉书·魏相传》："宣帝始亲万机，厉精为治。"

霍光的小女儿（皇后霍氏）十分恐惧，满腹怨恨，对魏相恨之入骨，多次在皇太后面前哭诉。后来霍氏集团企图假借皇太后的旨意，杀掉魏相，废掉汉宣帝。汉宣帝知道后，勃然大怒，下令将霍氏满门抄斩，彻底清除了隐患。

从此以后，汉宣帝开始亲自处理国家大小事情，大展宏图，励精图治。他严格考核各级官员的政绩，核查实情，任用贤才。丞相魏相辅佐他，带领大小官员认真履行各自的职责，因此汉宣帝对他非常信任。这样一来，国家很快就呈现出欣欣向荣的景象。

成语接龙

励精图治 → 治国安邦

邦家之光 → 光可鉴人 → 人老珠黄

黄发鲐背 → 背信负义 → 义愤填膺

英雄辈出 → 出乎意料 → 料事如神

神使鬼差 → 钗横鬓乱 → 乱七八糟

看图猜成语

□□□□

答案：亡羊补牢

写一写

励	精	图	治
励	精	图	治
励	精	图	治
励	精	图	治

成语词典

励精图治

释义 振奋精神，想办法治理好国家。

近义词 励精求治　厉精为治

反义词 丧权辱国　祸国殃民

造句 古代帝王要想治理好国家，必须励精图治，勤于政务才行。

投笔从戎

语出典籍

南朝宋·范晔《后汉书·班超传》："大丈夫无它志略，犹当效傅介子、张骞立功异域，以取封侯，安能久事笔研间乎？"

班固是东汉的历史学家，他用二十余年的时间编写了《汉书》。他的弟弟班超是一员武将，奉皇帝的命令，带兵镇守西域三十一年，多次平定匈奴贵族的叛乱。然而，班超并不是一开始就习武的。他靠替官家抄写文书供养母亲生活，日子过得很清苦。

有一天，班超叹着气说："唉，男子汉大丈夫应当效法傅介子、张骞，到边远地方去建立功业，取得高官厚禄，怎么可以长久地在笔墨纸砚中讨生活呢？"

于是，他投笔从戎，终于成为东汉时期的名将。

成语接龙

投笔从戎 → 戎马仓皇 → 皇亲国戚 → 七上八下 → 下不为例 → 例行公事 → 事倍功半 → 半推半就 → 就坡下驴 → 驴头马面 → 面不改色 → 瑟瑟发抖 → 斗胆包天 → 天寒地冻

看图猜成语

□□□□

答案：望梅止渴

写一写

投	笔	从	戎
投	笔	从	戎
投	笔	从	戎
投	笔	从	戎

成语词典

投笔从戎

释义　扔掉笔去参军。指文人从军。

近义词　弃文就武　弃笔从戎

反义词　解甲归田

造句　为了抵抗外侮，许多青年纷纷投笔从戎。

枕戈待旦

语出典籍

唐·房玄龄等《晋书·刘琨传》："吾枕戈待旦，志枭逆虏。"

西晋时期，有个叫刘琨（kūn）的人很有才干，不仅精通武艺，而且能诗善赋。

有一次，他听说自己的朋友祖逖（tì）被朝廷选拔做了官，心里非常着急，就给亲属写信说："我每天都是枕着兵器躺在床上，一直等到天亮，满心想要报效朝廷，杀退敌兵。可是祖逖比我先去建立功业了！"

后来，刘琨在二十六岁时，也被委任为官，从司隶从事一直做到著作郎、太学博士、尚书郎。他做官几十年，确实为百姓、为国家做了不少好事。

成语接龙

枕戈待旦 → 旦夕之间

间不容发 → 发人深省 → 省身克己

挤眉弄眼 → 眼高手低 → 低吟浅唱

怅然若失 → 失之交臂 → 避重就轻

轻如鸿毛 → 毛手毛脚 → 脚踏实地

看图猜成语

答案：望子成龙

写一写

枕 戈 待 旦

枕 戈 待 旦

枕 戈 待 旦

枕 戈 待 旦

成语词典

枕戈待旦

释义 枕着兵器等待天明。形容时刻警惕，准备作战。

近义词 荷枪实弹　严阵以待　常备不懈

反义词 高枕无忧

造句 这支英雄舰队，枕戈待旦，日夜守卫在东海前哨。

卧薪尝胆

语出典籍

西汉·司马迁《史记·越王勾践世家》："吴既赦越，越王勾践反国，乃苦身焦思，置胆于坐，坐卧即仰胆，饮食亦尝胆也。"

公元前494年，吴王夫差为报越国杀父之仇，亲率大军进攻越国。越王勾践率军迎战，与吴国在夫椒（今江苏苏州）对阵。结果吴军得胜，顺势攻破了越国国都会稽，俘虏了越王勾践。

吴王夫差为了实现霸业，显示自己的宽宏大量，决定不杀勾践，只派他在吴国的宫里养马。勾践带着夫人和相国范蠡，天天小心谨慎地为吴王夫差当马夫。有一次，吴王夫差生了一场大病，勾践殷勤服侍。夫差见他如此"忠诚"，就放勾践回越国了。

回到越国后，勾践一心想要报仇雪耻。他重新定都会稽，委派文种管理内政，任命范蠡训练军队，加强战备。为了磨炼自己的意志，好日后复仇，勾践过着十分艰苦的生活。每晚他都睡在柴草上，还在屋梁上吊着一只苦胆，每次吃饭之前，都要先去尝一尝胆的苦味。

勾践还同夫人一起亲自参加生产劳动，夫人勤奋纺织，勾践从事耕作，与全国人民同甘共苦。而此时吴王夫差却自以为霸业将成，骄傲起来，一味贪图享乐。

公元前482年，夫差带着精兵去黄池会盟，一心想要早日成为霸主。这时，越国已十分强盛了。勾践见时机已成熟，便乘机出兵打败了吴国，成为春秋末期的霸主。

成语接龙

卧薪尝胆 → 胆壮心雄

生杀之权 ← 谈论风生 ← 雄辩高谈

权均力敌 → 敌力角气 → 气数已尽

议论风生 ← 力排众议 ← 尽心尽力

生财有道 → 道头会尾 → 尾大不掉

看图猜成语

答案：闻鸡起舞

写一写

卧	薪	尝	胆
卧	薪	尝	胆
卧	薪	尝	胆
卧	薪	尝	胆

成语词典

卧薪尝胆

释义 形容一个人忍辱负重，发愤图强。

近义词 励精图治　发愤图强

反义词 胸无大志　自甘堕落

造句 要想打破目前困局，取得成绩，就必须卧薪尝胆，刻苦训练。

金石为开

语出典籍

西汉·刘歆《西京杂记》："至诚则金石为开。"

周朝时，有个楚国人名叫熊渠子，自小喜爱射箭。刚开始练射箭的时候，他的力气很小，稍微费力些的弓就拉不动。熊渠子坚持每天练习臂力，渐渐地练出了力气，再拉弓射箭时，箭飞出去不再是轻飘飘的了，但是仍然不能准确地射中目标。于是，他又坚持不懈地练眼力。经过刻苦的训练，他的箭法已经十分熟稔，每射十箭总有七八箭射中目标，可是他觉得自己的箭法还不高超，又无法提高，十分烦恼。

有人对他说："你现在是靠技巧射箭，还不算高超，而靠心去射每一支箭，那才是真功夫。"

熊渠子听了，反复揣摩这句话，更刻苦地练习起来。

一天夜里，熊渠子独自一人在山路上行走，猛然看见前面不远处伏着一只老虎。熊渠子大吃一惊，随即镇静下来，心想这正好是我试箭法的好机会。于是他迅速取弓搭箭，对准老虎，拉满弓一箭射去。“嗖”的一声之后，老虎全无一点动静。熊渠子心想，我这一箭射去不但一定射中了它，而且必然把它射死。谁知老虎竟然一动也不动，并没有倒下，他不免怀疑起来。他放大胆子大步走过去一看，不由哑然失笑，原来是一块大石头卧在路上。再仔细看去，那支箭竟然射进坚硬的石头里去了，连箭翎（líng）都深深插在石头里。

这件事很快传扬开去，人人都夸他箭术高明。以前勉励过他的那个人说，这不仅是因为熊渠子力气大、箭法好，更是因为他集中精力，以必胜的信心去迎战对方，所以金石也被打开了。

成语接龙

金石为开 → 开卷有得

得失成败 → 败化伤风 → 风号雨泣

泣数行下 → 下不为例 → 例行差事

事过境迁 → 迁延时日 → 日暖风恬

恬而不怪 → 怪诞诡奇 → 奇花异草

看图猜成语

答案：卧薪尝胆

写一写

金	石	为	开
金	石	为	开
金	石	为	开
金	石	为	开

成语词典

金石为开

释义 形容真挚的感情足以打动人心。也比喻意志坚强能克服一切困难。金石：金属和石头，比喻最坚硬的东西。

近义词 精血诚聚　金石可开

反义词 虚情假意　虚以委蛇

造句 精诚所至，金石为开，只要你坚持下去，一定会成功的。

废寝忘食

孔子年老时，开始周游列国。鲁哀公六年（公元前489年），他来到了楚国的叶邑（今河南叶县）。

叶县大夫沈诸梁热情接待了孔子。沈诸梁人称“叶公”，他只听说过孔子很有学识，教出了许多优秀的学生，对孔子本人并不十分了解，于是向孔子的学生子路打听孔子的为人。

子路虽然跟随孔子多年，但一时却不知怎么回答，就没有作声。

之后，孔子知道了这事，就对子路说：“你为什么不这样回答他：‘孔子努力学习，以至于废寝忘食；津津乐

语出典籍

《论语·述而》：“其为人也，发愤忘食，乐以忘忧，不知老之将至。”

道于授业传道，而从不担忧受贫受苦；自强不息，甚至忘记了自己的年纪。’”

此话显示出，孔子有远大的理想而又不懈地努力实践，所以生活得非常充实。

成语接龙

废寝忘食 → 食不求甘 → 甘冒虎口 → 口授心传 → 传爵袭紫 → 紫气东来 → 来历不明 → 明推暗就 → 就地正法 → 法外施恩 → 恩将仇报 → 报仇雪恨 → 恨之入骨 → 骨肉相连

看图猜成语

答案：无米之炊

写一写

废	寝	忘	食
废	寝	忘	食
废	寝	忘	食
废	寝	忘	食

成语词典

废寝忘食

释义 顾不得睡觉，忘记了吃饭。形容专心努力。

近义词 兢兢业业　夜以继日

反义词 饱食终日

造句 他废寝忘食，把全部心智都用在了解决这道难题上。

闻鸡起舞

语出典籍

唐·房玄龄等《晋书·祖逖传》："中夜闻荒鸡鸣，蹴琨觉曰：'此非恶声也。'因起舞。"

东晋的名将祖逖（tì），年轻时与好友刘琨一起到司州（今河南洛阳东北）任主簿。两人志同道合，意气相投，晚上合盖一床被子睡觉。

一天半夜，祖逖被远处传来的鸡啼声惊醒，便把刘琨踢醒，说："你听到鸡啼声了吗？"

刘琨侧耳一听，说："是啊，是鸡在啼叫，不过半夜的鸡啼声是恶声啊！"

祖逖说："不是恶声，而是催促我们早点起床锻炼的声音！"两人立即起床，到院子里舞剑，一直练到天亮。

西晋末年，北方广大地区被各少数民族军队占领，祖逖和族人渡过黄河避难，南迁到淮河流域，后在将军司马睿手下当差。311 年，匈奴贵族攻陷西晋京都洛阳，晋怀帝也被俘虏了。消息传到南方，祖逖义愤填膺，请求司马睿说："让我率军北伐，恢复中原。"司马睿便任命祖逖为豫州刺史，并给他一千人的粮食和三千匹布，但没有给他铠甲和兵器。祖逖不怕困难，不畏艰险，率领一万多人马，渡过长江，向北方进军了。

成语接龙

闻鸡起舞 → 舞枪弄棒 → 棒打鸳鸯 → 怏怏不平 → 平流缓进 → 进退可度 → 度己以绳 → 绳之以法 → 法网恢恢 → 灰心丧气 → 气吞山河 → 涸泽而渔 → 渔人之利 → 利欲熏心

看图猜成语

答案：项庄舞剑

写一写

闻鸡起舞

闻鸡起舞

闻鸡起舞

闻鸡起舞

成语词典

闻鸡起舞

释义 听到鸡叫就起来舞剑。形容奋发向上、坚持不懈的精神。

近义词 锲而不舍　发愤图强

反义词 自暴自弃　苟且偷安

造句 岳飞从小立下报国志向，闻鸡起舞，苦练武艺，终于成为一代精忠报国的民族英雄。

乘风破浪

宗悫（què）是南北朝时期宋国的名将。他年纪很小时就有远大志向。一天，他的叔父宗炳问道：“你长大了准备干什么？”

宗悫豪迈地回答说：“我长大了愿乘长风破万里浪！”

语出典籍

南朝梁·沈约《宋书·宗悫传》：“悫年少时，炳问其志，悫曰：‘愿乘长风破万里浪。’”

当时，南朝宋处于太平时期，没有战事，所以人们都要求子弟以读书为正业，希望有朝一日被推举为官。但宗悫偏偏爱武，因此乡邻们并不认为他志向远大。

446 年，南朝宋以交州刺史檀和之为主帅，南伐林邑国。宗悫自请参战，被刘义维推荐给朝廷。宋文帝封他为振武将军，随檀和之围攻粟城。林邑王指挥所有的军队抵抗，还驱赶几头大象助战。大象身上披着铠甲，士兵靠它掩护跟在后面，气势凶猛异常，宋军无法抵挡。

在这紧急关头，宗悫心想：狮子是百兽之王，只有它才能吓退大象，于是他让士兵制作了一头头假狮子，让它们摇头摆尾，蹦蹦跳跳。果然，大象见到假狮子后非常惊骇，拼命后退，结果压死、压伤许多敌兵。宋军趁势发动进攻，终于攻下林邑。宗悫也因此得以高升。

宗悫小时候说“愿乘长风破万里浪”，长大后果然实现了这一远大志向。后人把他说的这句话简化为“乘风破浪”。

成语接龙

乘风破浪 → 浪迹江湖 → 湖海之士 → 士穷见节 → 节节败退 → 退有后言 → 言行相顾 → 顾盼自得 → 得意之作 → 作奸犯科 → 科班出身 → 身临其境 → 敬老爱幼 → 又作别论

看图猜成语

答案：胸有成竹

写一写

乘 风 破 浪

乘 风 破 浪

乘 风 破 浪

乘 风 破 浪

成语词典

乘风破浪

释义 指船只乘着风势破浪前进。形容发展迅猛，也比喻志向远大，勇往直前。

近义词 披荆斩棘　勇往直前

反义词 裹足不前　垂头丧气

造句 无论处在何种艰难的处境中，她总是以乘风破浪般的勇气面对。

脚踏实地

语出典籍

宋·邵伯温《邵氏闻见前录》卷十八："公尝问康节曰：'某何如人？'曰：'君实脚踏实地人也。'"

司马光是宋代著名的历史学家，主编了我国第一部编年体通史《资治通鉴》。

司马光在青年时代就爱好研究历史，读了不少书。宋英宗时，他受命主编《资治通鉴》，前后十九年中，无时无刻不在努力钻研，专心写作。他恐怕睡得过久，耽误工作，特制了一个圆木"警枕"，不让自己睡稳。他先广泛收集材料，经过仔细研究和筛选，再把它们串联起来，然后加以修饰润色而成定稿。许多篇章，他都做了反复的修改，如唐代部分，原有六百卷之多，最后定稿精简为八十一卷。全书编成时，共二百九十四卷，另有目录三十卷，《考异》三十卷，包括上起战国下至五代共一千三百六十二年的历史。完成的原稿，都用工整的字体抄写；剩下的废稿残稿堆放在洛阳，占了满满的两间屋子。

司马光在这项艰巨的工作中所表现出的辛勤认真的态度，受到了很多人的赞扬。邵伯温称赞他“脚踏实地”。

成语接龙

脚踏实地 → 地下修文 → 文过饰非 → 非池中物 → 物阜民安 → 安然无事 → 事急计生 → 生死不渝 → 鱼目混珠 → 珠光宝气 → 气吞山河 → 合情合理 → 理直气壮 → 壮志凌云

看图猜成语

答案：熊熊大火

写一写

脚	踏	实	地
脚	踏	实	地
脚	踏	实	地
脚	踏	实	地

成语词典

脚踏实地

释义　形容做事踏实认真。

近义词　踏踏实实　兢兢业业

反义词　蜻蜓点水　纸上谈兵　好高骛远

造句　我们做事应该脚踏实地，而不应该好高骛远。

握发吐哺

周公的名字叫姬旦。他是周文王姬昌的儿子、周武王姬发的弟弟。文王在世时，周公旦就很孝顺，性情仁厚。武王即位后，周公旦辅佐武王，攻伐商纣。殷商灭亡后，周公旦被封为鲁公，但他不去封地，留下来辅佐武王。

武王死后，成王年纪尚幼，周公代成王执掌政权。他说："我是担心天下叛周，无以告慰先王，才不避闲言碎语执掌政权的。"于是周公辅佐成王，让儿子伯禽去鲁国就封。

周公告诫伯禽说："我的地位在天下也不算低了。但我洗一次头三次握头发，吃一顿饭三次放下饭碗，去接待来客，是怕怠慢天下的贤士。你到了鲁国，千万不要骄横啊！"

语出典籍

西汉·司马迁《史记·鲁周公世家》："我一沐三捉发，一饭三吐哺，起以待士，犹恐失天下之贤人。"

管叔、蔡叔和纣王的儿子武康勾结起来发动叛乱。周公旦兴师东伐，杀了管叔、武康，流放了蔡叔。诸侯都臣服于周。成王长大后，周公又把政权归还给他，让他亲理国政。

成语接龙

握发吐哺 → 补天济世

世俗之见 ← 见机行事 ← 事不关己

己所不欲 → 玉成其美 → 美不胜收

收放自如 ← 如痴如醉 ← 罪魁祸首

手脚并用 → 用兵如神 → 神来之笔

看图猜成语

答案：旭日东升

写一写

握	发	吐	哺
握	发	吐	哺
握	发	吐	哺
握	发	吐	哺

成语词典

握发吐哺

释义 洗头时多次把头发握在手中，吃饭时多次吐出口中的食物。比喻为了招揽人才而操心忙碌。

近义词 礼贤下士　吐哺捉发

反义词 尸位素餐

造句 历史上，求贤若渴，常常为人才握发吐哺的事例数不胜数。

勤能补拙

语出典籍

唐·白居易《偷闲走笔题二十四韵》："救烦无若静，补拙莫如勤。"

825 年，唐朝廷诏封白居易为苏州刺史。

这年阳春三月，白居易乘船离开洛阳，经过千山万水之后，来到苏州。当地居民齐心整理市容，迎接新的地方官吏来临，这使得白居易感动不已。他对苏州早已神往，知道不少名山胜水很值得游玩，但因到任后事情繁多，无暇抽空散心，他日以继夜埋首于政务公文中，甚至通宵不眠，也不以为意。

白居易勤于政事，在寄给朋友的书信中，曾有一句是"补拙莫如勤"，意思是再愚钝的人，只要勤勉就能弥补不足。忙碌的公务使得他积劳成疾，染患眼病。

826 年秋天，白居易辞官离开苏州返回洛阳。

朴拙莫如
勤

成语接龙

勤能补拙 → 拙嘴笨舌 → 舌长事多 → 多能多艺 → 艺高胆大 → 大起大落 → 落魄江湖 → 湖光山色 → 色仁行违 → 违世乖俗 → 俗语常言 → 言听计从 → 从善如流 → 流芳百世

看图猜成语

答案：作茧自缚

写一写

勤	能	补	拙
勤	能	补	拙
勤	能	补	拙
勤	能	补	拙

成语词典

勤能补拙

释义 指后天的勤奋能够弥补先天的不足和缺陷。

近义词 熟能生巧　笨鸟先飞

反义词 锲而舍之

造句 勤能补拙是良训，一分耕耘一分收获。

凿壁偷光

语出典籍

东晋·葛洪《西京杂记》:“匡衡,字稚圭,勤学而无烛,邻舍有烛而不逮,衡乃穿壁引其光,以书映光而读之。”

西汉末年,东海郡(今江苏、山东两省交界处)出了一位很有学问的人,名叫匡衡。他家祖祖辈辈务农,生活贫苦。这个农家的儿子十分爱读书,但是,由于没有钱读书,他十分苦恼。后来,他听说附近有户人家家里藏有许多书,便上这户人家去干活,并对主人说:“我干活是为了能读到书,只要主人家愿意把收藏的书借给我读,就算是给我工钱了。”

主人答应了他的要求。匡衡高兴极了,他干活之余,就一心读书。但只有晚上才有充裕的时间,可是晚上看书要点灯,而他没有钱买灯油,因此很是焦虑。有一天晚上,匡衡躺在床上背书,忽然看见墙缝里透过一线亮光来,于是他把墙壁凿开一个小洞,让更多的亮光射进自己的屋子。

从此，他每天夜里就蹲在这小洞边，借用透过来的烛光读书，直到人家熄灭了烛光，他才去睡觉。经过苦读，匡衡终于成为一位著名的学者。

成语接龙

凿壁偷光 → 光前耀后

后生可畏 ← 畏首畏尾 ← 尾大不掉

掉以轻心 → 心平气和 → 和盘托出

出生入死 ← 死气沉沉 ← 沉鱼落雁

雁过拔毛 → 毛手毛脚 → 脚踏实地

看图猜成语

答案：坐井观天

写一写

凿	壁	偷	光
凿	壁	偷	光
凿	壁	偷	光
凿	壁	偷	光

成语词典

凿壁偷光

释义 原指西汉匡衡凿穿墙壁引邻舍之烛光读书。后用来形容家贫而刻苦学习。

近义词 囊萤映雪　焚膏继晷　凿壁借光

反义词 不学无术

造句 学习是很艰苦的事，没有凿壁偷光、锲而不舍的精神是不行的。

内 容 提 要

这是一套给孩子看的彩绘版《典籍中的成语故事》，共有10册，每册一个主题，分别为爱国爱民篇、智慧谋略篇、远见卓识篇、人生百态篇、奇闻趣事篇、士林趣话篇、品格节操篇、巧言妙语篇、奋斗践行篇、说情解意篇。本书成语皆出自不同的典籍，以典籍中的故事来讲述成语；同时设置“成语接龙”“看图猜成语”“成语词典”等小板块，激发孩子对成语的学习兴趣，提高孩子的写作能力，让孩子开阔眼界，提高语言表达能力。

图书在版编目（CIP）数据

典籍中的成语故事．奋斗践行篇 / 新新世纪编著．--北京 ：航空工业出版社，2022.6
ISBN 978-7-5165-3057-3

Ⅰ．①典… Ⅱ．①新… Ⅲ．①汉语－成语－故事－少儿读物 Ⅳ．①H136.31-49

中国版本图书馆CIP数据核字（2022）第086393号

典籍中的成语故事·奋斗践行篇
Dianjizhongde Chengyugushi · Fendoujianxing Pian

航空工业出版社出版发行
（北京市朝阳区京顺路5号曙光大厦C座四层 100028）
发行部电话：010-85672688 010-85672689

三河市双升印务有限公司印刷　　全国各地新华书店经售
2022年6月第1版　　2022年6月第1次印刷
开本：710×1000 1/16　　字数：16千字
印张：4.5　　定价：188.00元(全10册)

咪奇熊®
MIQIXIONG

典籍中的成语故事

说情解意篇

新新世纪◎编著

航空工业出版社
北京

前言

在浩如烟海的典籍中，成语作为中华语言的精华、文明的积淀、历史的浓缩、智慧的结晶，成为传承中华文明的重要载体。时至今日，仍有大量的成语在被广泛使用，散发着永恒的魅力。

同时，成语也是小学生语文的必修内容。在作文写作中，恰当地运用成语，可以使文章熠熠生辉；在口头表达中，则可以使你的语言更富有感染力。因此，熟练掌握和运用成语，不仅能达到言简意赅的效果，同时也是衡量一个人文字功底、文化素养以及语言表述能力的重要标尺。

本套书将成语按主题分为10册，收录了170则成语和与之一一对应的成语故事。书中除了讲述故事，还有成语的出处、释义、近义词、反义词、造句示例，让小读者既明其义、会使用，又知其源，了解其中所蕴含的丰富文化意义；同时还设置了小朋友喜欢的成语接龙和看图猜成语板块。在游戏中记住成语何乐而不为？文中配有近500幅精美插图，使故事生动活泼，引人入胜。

现在，就让我们翻开本书，一起走进成语故事的世界，去品味中华语言文化的博大精深和妙趣横生吧！

目录

万死不辞

语出典籍

明·罗贯中《三国演义》："貂蝉曰：'适间贱妾曾言：但有使令，万死不辞。'"

东汉末年，董卓手握大权，把汉献帝视作傀儡。司徒王允下决心要为汉王室除掉董卓，但一时又想不出什么办法。

一天晚上，他在后花园散心，忽见府中美貌的歌伎貂蝉在牡丹亭畔长吁短叹，就问她为什么。貂蝉说："承蒙大人恩惠抚养，我感激万分。但我近来见大人愁眉不展，知道大人一定为国事所担忧，所以也不禁长吁短叹起来。如果大人有用我之处，我一定万死不辞。"

王允听了，忽生一计，说："董卓迟早要篡位，眼看汉室将要倾覆，我怎能坐视不管？要杀死董卓才行啊！但董卓有个义子吕布，十分骁勇，无人能敌，而吕布又不离董卓左右，因此无计可施。"

貂蝉问："难道真的就没有办法了吗？"

王允说：“我想了一条连环计，但须得到你的协助。我将你收为义女，先把你许配给吕布，再暗中献给董卓。你要设法离间他们父子，让他们为你而互相仇恨，最后挑唆吕布去杀掉董卓。”

貂蝉依计策而行，最后董卓被吕布所杀。

成语接龙

万死不辞 → 辞顺理正

正冠李下 → 下学上达 → 达官贵人

人面兽心 → 心旷神怡 → 怡情悦性

性急口快 → 快言快语 → 语短情长

长材短用 → 用天因地 → 地广人众

看图猜成语

答案：悬梁刺股

写一写

万	死	不	辞
万	死	不	辞
万	死	不	辞
万	死	不	辞

成语词典

万死不辞

释义 死一万次也不推辞。表示愿意拼死效劳。

近义词 舍生忘死　奋不顾身　视死如归

反义词 贪生怕死

造句 不管在前进的征途中有多少困苦，我都万死不辞。

不拘一格

语出典籍

清·龚自珍《己亥杂诗》："我劝天公重抖擞，不拘一格降人才。"

晚清思想家、文学家龚自珍曾在道光年间中贡士，任内阁中书。当林则徐赴广东查禁鸦片时，龚自珍就预见到英国可能发动侵略战争，建议林则徐加强战备。后来，龚自珍被迫辞官归隐，离京返乡。途经镇江时，恰好赶上庙会，十分热闹。有位道士便请求龚自珍代自己写一篇"青词"（青词是人对神的祈求，写在青色的纸上，供奉在神像面前）。

忧国忧民的龚自珍很希望有英雄人物降世，打破这万马齐喑的可悲景象。于是，他挥笔在青纸上写道：

九州生气恃风雷，
万马齐喑究可哀。
我劝天公重抖擞，
不拘一格降人才。

我勸天公
重抖擻不
拘一格降
人才

成语接龙

不拘一格 → 格物致知

知人善任 → 任重道远 → 远见卓识

识途老马 → 马革裹尸 → 尸位素餐

餐风沐雨 → 雨打风吹 → 吹角连营

蝇营狗苟 → 苟且偷生 → 生机勃勃

看图猜成语

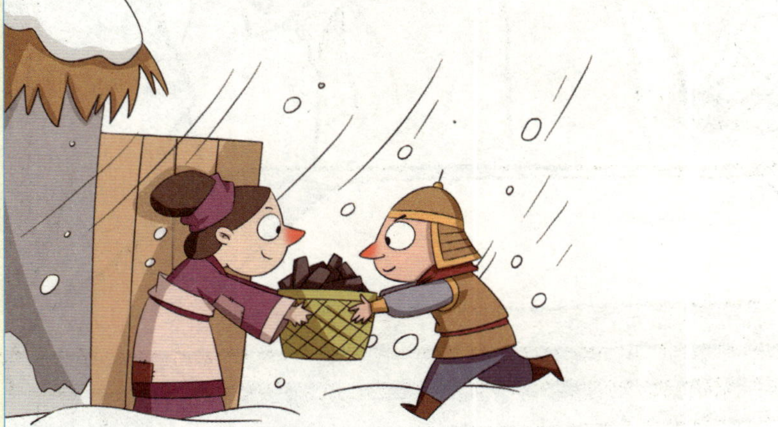

答案：雪中送炭

写一写

不拘一格

不拘一格

不拘一格

不拘一格

成语词典

不拘一格

释义 指不局限于一种规格或一个格局。

近义词 五花八门　不落俗套

反义词 如出一辙　千篇一律

造句 他的书法博采众长而又不拘一格，别有一番韵味。

心旷神怡

语出典籍

北宋·范仲淹《岳阳楼记》："登斯楼也，则有心旷神怡，宠辱皆忘，把酒临风，其喜洋洋者矣。"

岳阳楼位于现在湖南省的岳阳市，此楼初建于唐朝初年，到北宋时，滕子京又加以重修。

滕子京和范仲淹是好朋友，他们两人都在1015年考取进士。1044年滕子京担任岳州（今湖南岳阳）知州，次年就重修岳阳楼，并请好友范仲淹为他写篇文章，来记叙这件事。范仲淹欣然接受了好友的请求，写成了《岳阳楼记》这篇传诵千古的文章。其中有一段是："至若春和景明……登斯楼也，则有心旷神怡，宠辱皆忘，把酒临风，其喜洋洋者矣。"

这一段的大意是，在春风和暖、阳光明媚的时候登上岳阳楼观赏景色，你会觉得心胸开阔，心情舒畅，精神十分愉快，所有的一切荣辱得失都会忘得一干二净。这时，你再端起酒杯，在阳光的沐浴下，在清风的吹拂下，举杯畅饮，这乐趣真是无穷无尽啊！

岳陽樓

成语接龙

心旷神怡 → 怡志养神

神灭形消 → 消愁解闷 → 闷怀顿释

释生取义 → 义切辞严 → 严霜烈日

日积月累 → 累诫不戒 → 戒奢宁俭

俭存奢失 → 失精落彩 → 彩云易散

看图猜成语

答案：鸦雀无声

写一写

心	旷	神	怡
心	旷	神	怡
心	旷	神	怡
心	旷	神	怡

成语词典

心旷神怡

释义 比喻心境开阔，精神愉快。

近义词 赏心悦目　悠然自得　神清气爽

反义词 心乱如麻　心烦意乱　神不守舍

造句 雨后初晴，我登上峰顶，遥望黄河，美景令人心旷神怡。

宁为玉碎，不为瓦全

语出典籍

唐·李百药《北齐书·元景安传》："大丈夫宁可玉碎，不能瓦全。"

南北朝时期，东魏权臣高洋废掉了东魏孝静帝元善见，建立了北齐朝廷，史称文宣帝。高洋为了培植自己的势力，杀了大量的孝静帝近亲。对此，大臣元景安感到十分惶恐，为了保全性命，他集合了几个人向高洋请求将自己的姓氏改成高姓，以讨他的喜欢。

元景安有位堂弟，名叫元景皓，听说了这件事非常气愤，他说："怎么能抛弃本姓随人家的姓呢？大丈夫宁为玉碎，不为瓦全呀！"

第二天，元景安把堂弟的这番话告诉了高洋，高洋立即将元景皓斩首了。

成语接龙

宁为玉碎，不为瓦全

全力以赴 → 赴火蹈刃 → 刃树剑山

山崩地裂 → 裂石穿云 → 云罗天网

网开一面 → 面如灰土 → 土生土养

养老送终 → 终而复始 → 始终如一

看图猜成语

答案：叶公好龙

写一写

宁为玉碎，
不为瓦全

宁为玉碎，不为瓦全

宁为玉碎，不为瓦全

成语词典

宁为玉碎，不为瓦全

释义 宁做玉器被打碎，不做瓦器而保全。比喻宁愿为正义事业牺牲，不愿丧失气节，苟且偷生。

近义词 宁死不屈

反义词 忍气吞声　苟且偷生

造句 他在这场正邪的较量中，宁为玉碎，不为瓦全，这种精神值得我们学习。

行将就木

语出典籍

春秋·左丘明《左传·僖公二十三年》："我二十五年矣，又如是而嫁，则就木焉。"

春秋时期，因被骊姬陷害，晋公子重耳逃难到了蒲城。晋国派军队去讨伐蒲城。蒲城的百姓打算坚决抵抗，与晋军决一死战，来保卫公子重耳。重耳为了不使蒲城人民受难，就带领狐偃、赵衰、颠颉（jié）、魏武子等谋士逃到狄国。狄国人很尊敬重耳，把美女叔隗（wěi）、季隗献给重耳。重耳看中了季隗，便娶她为妾，将叔隗赏给了赵衰。几年后，季隗为重耳生了两个儿子，取名伯儵和叔刘。叔隗也给赵衰生了一个儿子，取名为赵盾。

多年之后，在手下谋士们的敦促下，重耳决定离开狄国，以便寻找回晋国执政的机会。临别时，重耳依依不舍地对季隗叮嘱道："我一旦处境好转，一定来接你。请你等我二十五年，如果我不来接你，你再嫁别人。"

季隗听完此话，泪如雨下，回答说：“我今年已经二十五岁了，等上二十五年再嫁人，我怕是行将就木了，我还是安心照顾孩子吧！”

成语接龙

行将就木 → 木石心肠 → 肠慌腹热 → 热泪盈眶 → 旷日持久 → 久负盛名 → 名垂百世 → 世道人情 → 情不自已 → 以人为本 → 本固邦宁 → 宁静致远 → 远见卓识 → 识文断字

看图猜成语

答案：一箭双雕

写一写

行	将	就	木
行	将	就	木
行	将	就	木
行	将	就	木

成语词典

行将就木

释义 形容快要进棺材了，比喻将近死亡。木：棺材。

近义词 气息奄奄　病入膏肓　风烛残年　日薄西山

反义词 春秋鼎盛　蒸蒸日上　欣欣向荣

造句 他本年纪轻轻，却一天到晚垂头丧气，就像个行将就木的老人。

如鱼得水

语出典籍

西晋·陈寿《三国志·蜀书·诸葛亮传》："孤之有孔明，犹鱼之有水也。"

东汉末年，曹操的实力很强大。刘备在还没有自立门户之前，被迫依附于亲戚刘表，并驻守新野。可是，刘备是个胸怀大志的人，他并不想长久地寄人篱下，只做别人的军师。正好这个时候徐庶向他推荐诸葛亮，称其是个难得的人才，劝刘备一定要网罗诸葛亮。

为了请诸葛亮协助自己夺得天下，刘备曾经三次到诸葛亮住的茅庐中拜访他。诸葛亮看到刘备非常诚恳，最后才同意与刘备见面。

刘备向他请教了许多问题。诸葛亮仔细分析了当时的情势，建议刘备先占据荆州，这样才能有机会和曹操、孙权鼎足而立，互相抗衡。

刘备很欣赏诸葛亮的见解，与诸葛亮的感情在交谈中逐渐加深。刘备高兴地对结拜兄弟关羽和张飞两人说：“我得到诸葛亮的辅助，就好像鱼得了水一样。”

成语接龙

如鱼得水 → 水波不兴 → 兴事动众 → 众矢之的 → 的一确二 → 二龙戏珠 → 珠规玉矩 → 矩步方行 → 行思坐忆 → 忆苦思甜 → 甜言蜜语 → 语重心沉 → 沉沉稳稳 → 稳扎稳打

看图猜成语

答案：因噎废食

写一写

如	鱼	得	水
如	鱼	得	水
如	鱼	得	水
如	鱼	得	水

成语词典

如鱼得水

释义 像鱼得到水一样。比喻得到跟自己很投合的人或对自己很合适的环境。

近义词 如虎添翼　蛟龙得水

反义词 寸步难行　釜底游鱼

造句 这是他最擅长的项目，所以在比赛场上可真是如鱼得水。

如释重负

公元前542年，鲁襄公病死，公子裯（chóu）继位，史称鲁昭公。当时，鲁国的实际权力掌握在季孙宿、叔孙豹和孟孙三卿手里，其中又以季孙宿的权力最大。昭公自己也不争气，只知游乐，不理国政，更使他在国内失去民心。

大夫子家羁非常担心，几次当面向昭公进谏，希望他巩固王室的力量，免得被外人夺了政权。

日子久了，昭公终于觉察到季孙宿等三卿在不断壮大势力，已经对王室构成严重的威胁。于是，他在大臣中暗暗物色反对三卿的人选，寻找机会打击三卿。

语出典籍

《穀梁传·昭公二十九年》："昭公出奔，民如释重负。"

不久，季孙宿死去，他的孙子季孙意如继续执政。大夫公若、郈（hòu）孙、藏孙与季孙意如有矛盾，打算除掉季孙氏，便约昭公的长子公为密谈这件事。公为回宫和两个弟弟商量后，认为父亲昭公肯定怨恨季孙氏专权，因此劝说昭公除掉季孙氏。

这年秋天，三卿之一的叔孙豹因故离开都城，把府里的事情托给家臣鬷（zōng）戾掌管。昭公觉得这是个好机会，没有人会去支援季孙氏，便命郈孙、藏孙率军包围了季孙氏的府第。

季孙意如来不及调集军队反击，又不能得到叔孙豹的救援，只好固守府第。叔孙豹的家臣鬷戾得知季孙氏被围的消息后，马上调集军队救援季孙氏。昭公的军队没有什么战斗力，马上四散逃走。

三卿中还有一家是孟孙，他见叔孙氏家已经出兵救援季孙氏，也马上派兵前往。昭公见三卿的军队已经联合起来，知道大势已去，只好和藏孙一起出奔齐国避难。由于昭公早就失去了民心，所以百姓对他的出奔并不表示同情，反倒觉得减轻了他们身上的重担。

成语“如释重负”就是史学家对这次事件所做的评价。

成语接龙

如释重负 → 负俗之讥

实事求是 ← 征名责实 ← 讥而不征

是非颠倒 → 倒箧倾筐 → 筐箧中物

路见不平 ← 康庄大路 ← 物阜民康

平平稳稳 → 稳扎稳打 → 打草惊蛇

看图猜成语

答案：引狼入室

写一写

如	释	重	负
如	释	重	负
如	释	重	负
如	释	重	负

成语词典

如释重负

释义 好像放下了一副重担子。形容心情紧张后的轻松愉快。释：放下。重负：重担。

近义词 轻装上阵　轻松自如

反义词 如牛负重　泰山压顶

造句 听到医生说父亲已无大碍，他如释重负。

走马观花

语出典籍

唐·孟郊《登科后》："昔日龌龊不足夸，今朝放荡思无涯。春风得意马蹄疾，一日看尽长安花。"

唐朝中期，著名诗人孟郊好几次参加进士考试都落了第。他决心刻苦读书，用自己的真才实学，叩开仕途的大门。可是，孟郊五十岁才进士及第。及第后，孟郊高兴极了，穿上崭新的衣服，意气风发地骑着高头大马，在长安城里尽情地游览。京城美丽的景色使他赞叹不已，高中进士的喜悦又使他万分得意，于是，写下了著名的《登科后》一诗：

昔日龌（wò）龊（chuò）不足夸，

今朝放荡思无涯。

春风得意马蹄疾，

一日看尽长安花。

诗的意思是：过去那种穷困窘迫的生活是没有什么值得夸耀的，今天我高中了进士，神采飞扬，兴致高涨；我愉快地骑着马儿奔驰在春风里，一天的时间就把长安城的美景全看完了。这首诗把诗人中了进士后的喜悦心情表现得淋漓尽致。其中“春风得意马蹄疾，一日看尽长安花”成为千古名句。后来，人们从此诗中引申出“走马观花”和“春风得意”两个成语。

成语接龙

走马观花 → 花天锦地 → 地上天宫 → 宫移羽换 → 换日偷天 → 天壤之别 → 别开生面 → 面目全非 → 非同小可 → 可歌可泣 → 泣不成声 → 声东击西 → 西风落叶 → 叶公好龙

看图猜成语

答案：鱼贯而入

写一写

走	马	观	花
走	马	观	花
走	马	观	花
走	马	观	花

成语词典

走马观花

释义 骑在奔跑的马上看花。原意形容得意愉快的心情，后比喻粗略地观察事物。

近义词 蜻蜓点水　浮光掠影

反义词 追根究底　追本溯源

造句 他希望能够走得快一点，纵使有点走马观花也没关系。

更上一层楼

语出典籍

唐·王之涣《登鹳雀楼》："白日依山尽，黄河入海流。欲穷千里目，更上一层楼。"

王之涣是唐朝时期著名的诗人，曾担任文安县尉官职。他经常与高适、王昌龄等人在一起互相唱和。他的诗歌以描写边疆风光著称。

唐朝有个著名的观光胜地，名叫鹳雀楼。这座楼的旧址在今山西永济以西，共有三层，南望高耸的中条山，俯瞰波浪滔滔的黄河，气势异常雄伟壮观。

一天，王之涣登上鹳雀楼，极目远眺，祖国雄伟壮丽的大好河山尽收眼帘。他心潮澎湃，无比激动，于是写成一首著名的五言绝句，题为《登鹳雀楼》：

白日依山尽，
黄河入海流。
欲穷千里目，
更上一层楼。

诗的大意是：登上鹳雀楼，只见夕阳挨着远山徐徐沉落，奔腾的黄河流向大海。要想远看千里之阔，必须再高登一层楼。这首诗写出了诗人广阔的胸怀和远大的抱负。

成语接龙

更上一层楼 → 楼阁台榭

蟹将虾兵 → 兵败将亡 → 亡命之徒

徒费无益 → 益寿延年 → 年轻力壮

壮气吞牛 → 牛马易头 → 头眩目昏

昏定晨省 → 省身克己 → 几次三番

看图猜成语

答案：与虎谋皮

写一写

更	上	一	层	楼
更	上	一	层	楼
更	上	一	层	楼
更	上	一	层	楼

成语词典

更上一层楼

释义 指再登上更高的一层楼。比喻再提高一步。更：再。

近义词 更进一步

反义词 江河日下

造句 希望你继续努力，成绩能够更上一层楼。

斩草除根

语出典籍

春秋·左丘明《左传·隐公六年》："为国家者，见恶如农夫之务去草焉，芟夷蕴崇之，绝其本根，勿使能殖，则善者信矣。"

春秋时期，有一次卫国与陈国联合去讨伐郑国。郑国希望讲和，陈桓公不答应。他的弟弟陈五父劝他说："与邻国和睦相处，是最宝贵的东西，我看还是与郑国讲和吧！"

陈桓公很生气，说："卫国是强大的国家，我害怕他们难为我。可郑国只是一个小国，我去攻打它，难道还怕它不成？"于是，陈国继续攻打郑国。

两年以后，郑国强大起来，派兵侵袭陈国，把陈国打得大败。卫国眼看着陈国吃了败仗，却坐视不救。人们议论说：这是陈国自找苦吃，长期做恶事不知悔改。古书有言，做恶事容易，就犹如燎原烈火一样，无法扑灭，最后必然将大祸引到自己头上。

周朝的大夫周任讲过这样的道理："作为国家的国君，对待恶事应像农夫对待杂草一样，将它们铲除，连根挖掉，不让它们再生长出来。这样做，善事才能伸张起来。”

成语接龙

斩草除根 → 根深蒂固 → 固执不通 → 通古博今 → 今是昨非 → 非同小可 → 可歌可涕 → 涕泗交下 → 下笔成章 → 章句之徒 → 徒有其名 → 名卿巨公 → 公平无私 → 私盐私醋

看图猜成语

答案：鹬蚌相争

写一写

斩	草	除	根
斩	草	除	根
斩	草	除	根
斩	草	除	根

成语词典

斩草除根

释义 除草时要连根除掉，使草不能再长。比喻除去祸根，以免留下后患。

近义词 一网打尽　寸草不留　赶尽杀绝

反义词 手下留情　放虎归山　养虎遗患

造句 消灭蚊蝇就要彻底打扫干净蚊蝇孳生地，做到斩草除根。

青梅竹马

唐朝大诗人李白所作的诗俊逸高妙，并且很富情感。他的作品《长干行》，描述了男孩女孩彼此玩得很投契的情状，其中有两句如下：

郎骑竹马来，
绕床弄青梅。
同居长干里，
两小无嫌猜。

语出典籍

唐·李白《长干行》：“郎骑竹马来，绕床弄青梅。同居长干里，两小无嫌猜。”

“青梅竹马”这一成语，就是从这首诗中得来的。它的意思是说：小孩子们聚在一起，感情很好，很少发生过打架、争吵等事情。

成语接龙

青梅竹马 → 马上墙头 → 头角崭然 → 然然可可 → 可歌可涕 → 涕泗滂沱 → 驼背羊鬌 → 然荻读书 → 书香世家 → 家给民足 → 足兵足食 → 食骨在喉 → 喉长气短 → 短兵接战

看图猜成语

答案：凿壁偷光

写一写

青梅竹马

青梅竹马

青梅竹马

青梅竹马

成语词典

青梅竹马

释义 形容男女小的时候天真无邪，在一起玩耍。

近义词 两小无猜　总角之交　两情相悦

反义词 背信弃义　劳燕分飞

造句 他俩从小青梅竹马，两小无猜。

祸从天降

语出典籍

后晋·刘昫《旧唐书·刘瞻传》："此乃祸从天降，罪匪己为，物议沸腾，道路嗟叹。"

同昌公主是唐懿宗宠爱的女儿，但年纪轻轻就生了重病，尽管请了不少名医，用了不少良药，没多久仍病逝了。

唐懿宗痛惜公主早逝，迁怒到医官身上，以"用药无效"的罪名，将医官韩宗召、康仲殷及两家族人三百余口全部抓入监牢。

集贤殿大学士、宰相兼刑部侍郎刘瞻深为医官的蒙冤不平，他上奏章劝告皇帝说："人的寿命是命中注定的，不管贤愚，都没有不同。颜渊早亡，不因为他贤德而增加寿命。同昌公主久患重病，医药无效，因而薨（hōng）逝。韩宗召等人诊治之时竭尽全力，也希望病如雪消、药能通神。可是陛下雷霆一怒，囚系老小三百余口，朝野震惊，都说这是祸从天降，惩罚没有犯罪的人。希望陛下宽仁厚德，释放全部关押的囚犯。"

唐懿宗看了奏章，勃然大怒，立即罢免了刘瞻的官职，而且一贬再贬，直贬为康州刺史。许多亲近刘瞻的官吏也受到牵连，被贬出京城，京兆尹温璋甚至为此服毒自尽。

成语接龙

祸从天降 → 降贵纡尊

尊贤使能 → 能者多劳 → 劳燕分飞

飞蛾扑火 → 火烧眉毛 → 毛手毛脚

脚踏实地 → 地老天荒 → 荒诞不经

经邦纬国 → 国士无双 → 双管齐下

看图猜成语

答案：张冠李戴

写一写

祸	从	天	降
祸	从	天	降
祸	从	天	降
祸	从	天	降

成语词典

祸从天降

释义 形容灾祸突然降临，非常意外。

近义词 晴天霹雳　飞来横祸

反义词 咎由自取　喜从天降

造句 一场狂风暴雨冲走了他全家辛辛苦苦种的庄稼，真是祸从天降啊！

食不甘味

语出典籍

西汉·刘向《战国策·秦策三》："今也，寡人一城围，食不甘味，卧不便席，今应侯亡地而言不忧，此其情也？"

战国时期，在秦惠文王当政时，著名纵横家苏秦游说秦惠文王实行"连横"政策，诱骗挟持部分国家去进攻其他诸侯国，进而各个击破，实现统一天下的野心。可是，秦惠文王拒绝了苏秦的建议，苏秦碰壁而返。第二年，他又到各国游说。这次，他一反过去的策略，提出了"合纵"的主张，企图说服秦国以外的六国联合起来，共同抗秦。

"合纵"之策首先得到赵国国君赵肃侯的赏识，他拜苏秦为相国，资助他去游说列国诸侯。一天，苏秦驱车来到楚国，对楚威王陈说利害：秦国是天下各诸侯不共戴天的仇敌，时时有吞灭六国的野心。如果楚与秦国"连横"，那么就无法抑制秦国的扩张野心，最后只能向秦国割地求和；如果楚国与其他国家"合纵"抗秦，那么它们都会来侍奉楚国，服从楚国的安排。

楚威王赞赏道："我对秦国的野心早就有所戒备了。但是，苦于韩、魏等国受到秦国把持，不能与它们共谋；国内又缺少可靠的大臣，向我献策献计。所以，长期以来我一直睡不安席，食不甘味。今天听了您的这番高见，才下定了决心，誓死与秦国抗争！"

从此，楚、赵等六国南北联合，缔结"合纵"盟约，共同抗秦，使秦国一度不敢对六国轻举妄动。

成语接龙

食不甘味 → 味如鸡肋 → 泪如泉涌 → 勇冠三军 → 军令如山 → 山清水秀 → 秀而不实 → 实至名归 → 归全反真 → 真才实学 → 学贵有恒 → 恒河之沙 → 沙鸥翔集 → 集矢之的

看图猜成语

答案：照猫画虎

写一写

食不甘味

食不甘味

食不甘味

食不甘味

成语词典

食不甘味

释义 指吃东西没有滋味，常用来形容心中忧虑或身体不好。

近义词 忐忑不安　如坐针毡

反义词 泰然处之　心安理得

造句 这道题我怎么也做不出来，搞得我寝不安席，食不甘味。

趋炎附势

语出典籍

宋·萧注《与李泰伯书》："心铭足下之道，故发此书以闻；非今之趋炎附势辈，闻足下有大名而沽相知之幸。"

宋真宗时期的宰相丁谓，玩弄权术，独揽朝政。许多想升官的人都吹捧他。

当时有个名叫李垂的人，他对官场中逢迎拍马的庸俗作风非常反感，所以一直得不到重用。有人问他为何从未去拜谒丁谓，李垂说："丁谓身为宰相，不公正处理事务，有负朝廷对他的重托和百姓对他的期望。我怎么能去拜谒这样的人呢？"

这话传到了丁谓那里，丁谓怀恨报复，借故把李垂贬到外地去。

宋仁宗即位后，丁谓倒台，被贬到遥远的地方去任职，而李垂却被召回京都。一些关心他的朋友对他说："朝廷里有些大臣知道你才学过人，想推举你当知制诰（为皇帝起草诏书的官员）。不过，当今宰相还不认识你，你何不去拜谒一下他呢？”

李垂回答说：“如果我三十年前就去拜谒当时的宰相丁谓，可能早就当上翰林学士了。我现在年纪大了，怎么能趋炎附势，看别人的眼色行事，借以换取他们的荐引和提携呢？”

他的这番话不久传到了宰相耳里。结果，他再次被排挤出京都，到外地去当州官。

成语接龙

趋炎附势 → 势孤计穷 → 穷通皆命 → 命在朝夕 → 夕惕若厉 → 励精图治 → 志大才疏 → 舒心顺意 → 意懒心灰 → 灰心丧气 → 气息奄奄 → 掩面而泣 → 泣不成声 → 声泪俱下

看图猜成语

答案：折戟沉沙

写一写

趋	炎	附	势
趋	炎	附	势
趋	炎	附	势
趋	炎	附	势

成语词典

趋炎附势

释义 比喻迎合、奉承、依附有权势的人。趋：迎合。炎：热，比喻权势。

近义词 曲意逢迎　攀龙附凤　阿谀奉承

反义词 一视同仁　洁身自好　刚正不阿

造句 趋炎附势的人，是不值得交往的。

口蜜腹剑

语出典籍

北宋·司马光《资治通鉴·唐玄宗天宝元年》："世谓李林甫口有蜜，腹有剑。"

唐玄宗时期，宰相李林甫善于谄媚逢迎，看皇帝眼色行事，对玄宗喜爱的心腹宦官和宠妃也想方设法讨好卖乖，并取得他们的欢心。他依靠这种本领，竟高居宰相之位达十九年。

平时李林甫和同僚们接触，总是装出一副态度恭谦、平易近人的模样，实际上非常阴险狡猾，手段毒辣。他专门同有权有势的人结交，结成帮派，以壮大自己的势力。凡是有才学有见识的人，他都非常妒忌。如果哪位官员功业超过他，被皇帝重用，地位威胁到他，他一定要想方设法把这个人除掉。

为了掌握唐玄宗的一言一行，李林甫用金钱玉帛买通了宦官和皇帝的嫔妃。因此，唐玄宗那儿有什么消息，他马上就能知道。有一次，他听说唐玄宗要重用兵部侍郎卢绚，便立即把卢绚调到外地，不久又把卢绚降职，却对唐玄宗说卢绚有病，不能重用。还有一次，他打听到唐玄宗想重用大臣严挺之，就把严挺之请到京城来看病，然后告诉唐玄宗，说严挺之年老体衰，正在治病。就这样，李林甫玩弄两面三刀的手腕，妒贤嫉能，陷害了很多才能比他高的人。因此，大家都说他口蜜腹剑，对他十分痛恨。

成语接龙

口蜜腹剑 → 剑胆琴心

惜香怜玉 ← 懒不自惜 ← 心慵意懒

玉液金波 → 波澜老成 → 成双成对

好心好意 ← 琴瑟之好 ← 对牛弹琴

意料之外 → 外圆内方 → 方寸大乱

看图猜成语

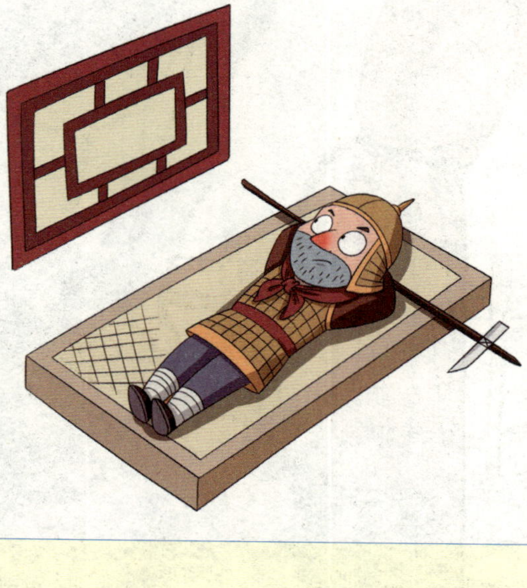

答案：枕戈待旦

写一写

口	蜜	腹	剑
口	蜜	腹	剑
口	蜜	腹	剑
口	蜜	腹	剑

成语词典

口蜜腹剑

释义　比喻嘴甜心毒，狡猾阴险。

近义词　口是心非　笑里藏刀

反义词　心直口快　心口如一

造句　这种口蜜腹剑的朋友，你可得提防点儿。

飞扬跋扈

语出典籍

唐·李百药《北齐书·神武下》："景专制河南十四年矣，常有飞扬跋扈志。"

侯景是个极其残暴的人，原是北魏时的定州刺史。北魏权臣高欢控制东魏朝政后，他又依附高欢，任吏部尚书，仍兼定州刺史。他依仗手下有十万精兵，统治河南十三州达十四年之久。

高欢死后，高澄执政，要剥夺侯景的兵权。侯景便又率兵归降南朝梁武帝萧衍。萧衍任命他为南豫州牧，坐镇寿阳。

但不久侯景又发动叛乱，攻陷了梁都建康。551年，侯景命南梁皇帝萧栋禅让，自己登基为帝，改国号为汉。

每逢出兵作战，侯景总嘱咐领兵的将领攻破城池后，把城里的无辜百姓杀光，让天下人都知道他的厉害。他又禁止两人以上交谈，如有人违犯，株连九族。他建立了一个大舂（chōng）碓，把对他不满的人都投入碓内捣死。后来梁朝的老百姓支持萧衍的第七个儿子湘东王萧绎，最终击败了侯景。侯景在逃跑途中被杀，结束了他飞扬跋扈的一生。

成语接龙

飞扬跋扈 → 互为标榜 → 榜上无名 → 名不虚传 → 传檄而定 → 定乱扶衰 → 衰季之风 → 风流云散 → 散发披襟 → 襟怀坦白 → 白璧微瑕 → 侠肝义胆 → 胆战心寒 → 寒来暑往

看图猜成语

答案：争猫丢牛

写一写

飞	扬	跋	扈
飞	扬	跋	扈
飞	扬	跋	扈
飞	扬	跋	扈

成语词典

飞扬跋扈

释义 原指举止放荡高傲，现用来形容放纵骄横，目中无人。

近义词 盛气凌人　横行霸道

反义词 平易近人　循规蹈矩

造句 他如此飞扬跋扈，迟早会栽跟头的。

飞鹰走狗

东汉末年有个军阀名叫袁术，他和袁绍都是北方的实权人物。袁术年轻时，恣意享乐，常和一帮公子哥们“飞鹰走狗”，到城外打猎。后来他行为有所收敛，被举荐为孝廉，当上了官。

但袁术骄纵的本性并未改变。他当官不立法令制度，也不体恤部下和百姓，自己却贪得无厌，生活极端奢侈。他当南阳太守时，甚至到民间抢掠财物，作为自己和军队的开销。建安二年（197年），他不顾部下的反对在寿春称帝，光后宫妃嫔就有几百人。宫里人个个绫罗绸缎，餐餐山珍海味，而对下属饥饿困

语出典籍

南朝宋·范晔《后汉书·袁术传》：“少以侠气闻，数与诸公子飞鹰走狗，后颇折节。”

苦的情形置若罔闻，当地的百姓饿死了许多。袁术最终落到了百姓痛恨、部下离心、无处立足的地步，但他还不知反省，反而十分愤慨，气得呕血而死。

成语接龙

飞鹰走狗 → 狗尾续貂

貂裘换酒 → 酒能乱性 → 性烈如火

火烛小心 → 心不由己 → 己溺己饥

饥渴交攻 → 攻无不克 → 克己复礼

礼贤下士 → 士别三日 → 日上三竿

看图猜成语

答案：郑人买履

写一写

飞	鹰	走	狗
飞	鹰	走	狗
飞	鹰	走	狗
飞	鹰	走	狗

成语词典

飞鹰走狗

释义 放出鹰和狗去追捕野兽。指打猎游荡的生活。

近义词 飞鹰走犬　飞鹰走马

反义词 克勤克俭

造句 凭着祖宗的荫庇，他继承了爵位和城里的几处产业，整日里飞鹰走狗，倒也活得滋润。

内 容 提 要

这是一套给孩子看的彩绘版《典籍中的成语故事》，共有10册，每册一个主题，分别为爱国爱民篇、智慧谋略篇、远见卓识篇、人生百态篇、奇闻趣事篇、士林趣话篇、品格节操篇、巧言妙语篇、奋斗践行篇、说情解意篇。本书成语皆出自不同的典籍，以典籍中的故事来讲述成语；同时设置"成语接龙""看图猜成语""成语词典"等小板块，激发孩子对成语的学习兴趣，提高孩子的写作能力，让孩子开阔眼界，提高语言表达能力。

图书在版编目（CIP）数据

典籍中的成语故事．说情解意篇 / 新新世纪编著．-- 北京 ：航空工业出版社，2022.6

ISBN 978-7-5165-3057-3

Ⅰ．①典… Ⅱ．①新… Ⅲ．①汉语－成语－故事－少儿读物 Ⅳ．①H136.31-49

中国版本图书馆CIP数据核字（2022）第086391号

典籍中的成语故事·说情解意篇
Dianjizhongde Chengyugushi · Shuoqingjieyi Pian

航空工业出版社出版发行
（北京市朝阳区京顺路5号曙光大厦C座四层　100028）
发行部电话：010-85672688　010-85672689

三河市双升印务有限公司印刷　　全国各地新华书店经售
2022年6月第1版　　2022年6月第1次印刷
开本：710×1000　1/16　　字数：16千字
印张：4.5　　定价：188.00元（全10册）